AF503219

LE PAGANISME

AU MILIEU DU IVᵉ SIÈCLE

SITUATION MATÉRIELLE ET LÉGALE

Par M. Paul ALLARD

Extrait de la *Revue des questions historiques*. — 1ᵉʳ octobre 1894

PARIS

BUREAUX DE LA REVUE

5, RUE SAINT-SIMON, 5

1894

LE

PAGANISME AU MILIEU DU IVe SIÈCLE

SITUATION LÉGALE ET MATÉRIELLE

———

I.

Quand, en 312, la bataille du pont Milvius eut donné la prépondérance politique à Constantin, champion déclaré du christianisme, la question des futures destinées du culte païen se posa aussitôt. La première réponse fut faite, dès l'année suivante, par l'édit de Milan. A vrai dire, elle n'était pas douteuse. Constantin, hier encore païen lui-même, bien que païen assez tiède, ne pouvait songer à proscrire le culte qu'il venait à peine d'abandonner. L'eût-il voulu, la force lui eût manqué pour le faire, tout victorieux qu'il était. Blessant dans leurs croyances, leurs sentiments et leurs habitudes les plus nombreux et les moins patients de ses sujets, il se fût heurté à une formidable opposition. Tout le fruit de sa victoire eût été compromis. Une seule solution était commandée à la fois par l'équité et par la prudence. On la trouve indiquée dès les premières paroles de l'édit de Milan. « La liberté de religion, y est-il dit, ne doit pas être contrainte, et il faut permettre à chacun d'obéir, dans les choses divines, au mouvement de sa conscience [1]. » La plus grande partie de l'édit est consacrée à transformer en loi de l'État cette sage maxime, et à en régler l'application pratique. Aucune des autres lois de Constantin dont on a conservé le texte n'est en contradiction avec les principes posés dans cet acte solennel. Même quand son autorité s'est affermie au point

———

[1] Lactance, *De Mort. pers.*, 48 ; Eusèbe, *Hist. Eccl.*, x, 5.

1

de pouvoir tout oser, on ne le voit pas essayer de sortir du cercle qu'il s'était alors tracé, et dans lequel il avait d'avance enfermé sa politique religieuse.

A y regarder de près, cependant, la situation est moins simple qu'elle ne paraît. Sans doute le paganisme n'est plus la religion exclusive, puisque la liberté de leur culte a été accordée aux chrétiens, en même temps qu'elle était garantie à tous : cependant, obligé de souffrir près de lui d'autres croyances, il demeure investi de grandes prérogatives. L'empire romain a désormais deux religions, non seulement tolérées, mais protégées et officiellement reconnues : le paganisme conserve néanmoins une situation privilégiée, à laquelle nul autre culte ne saurait prétendre. L'empereur lui appartient, puisqu'il est de droit membre de tous les collèges sacerdotaux [1], et qu'en tête de ses titres officiels est celui de pontife suprême, *pontifex maximus*. Malgré son changement de croyance, Constantin n'hésita pas à le conserver. Il devint par là, comme l'avaient été ses prédécesseurs, comme ses successeurs le seront à son exemple [2], le chef de la religion romaine, ou plutôt de tout le paganisme [3]. C'était pour l'ancien culte une force en apparence, puisqu'il paraissait s'imposer ainsi même à un prince animé de sentiments hostiles, et le retenir dans son orbite; en réalité, c'était plutôt une cause de faiblesse. Constantin, chrétien de cœur, a pu se montrer pour l'Église un protecteur impérieux ou incommode, mais il demeura toujours sans juridiction sur elle : le titre d'évêque du dehors, qu'il lui plut un jour de se donner, n'était qu'une manifestation assez maladroite de son zèle, sans aucune signification précise [4]. Il n'aurait pas eu le droit de nommer un acolyte ou un lecteur dans la dernière bourgade de son vaste empire [5]. Au contraire, déserteur des dieux, il con-

---

[1] Dion Cassius, LIII, 17. — Cf. Mommsen, *Römische Staatsrecht*, t. II, 2ᵉ éd., p. 1047 et suiv.

[2] Zosime, IV, 36.

[3] Juridiction du *pontifex maximus* hors de l'Italie au IVᵉ siècle, Julien, *Ep.* 62, 63 ; même sur les cultes orientaux, *Ep.* 21.

[4] Eusèbe, *De vita Constantini*, IV, 24.

[5] L'opinion de Van Dale, d'après laquelle le souverain pontificat possédé par Constantin et ses successeurs leur donnait sur la religion chrétienne le même pouvoir que les empereurs païens avaient sur l'ancienne religion (*Diss. antiq.*, II, 1 et 2) n'est pas soutenable. Pour l'avoir émise, il fallait se faire une idée très erronée du *pontifex maximus*, président du collège des

courait à la nomination de leurs ministres [1], surveillait la conduite de ceux-ci [2], réglait leurs privilèges [3], fixait les rites et
les cérémonies [4], était le juge suprême de tout le contentieux
païen [5]. Selon le mot d'un contemporain, la qualité de *pontifex
maximus* lui donnait « le gouvernement des choses divines et
humaines [6]. » Qu'il se soit servi de ce pouvoir disciplinaire
presque illimité dans un sens contraire aux intérêts du paganisme, cela n'est pas douteux. Il y opéra des réformes qui, sous
couleur de l'épurer, avaient pour objet et eurent pour résultat
de limiter son influence et, finalement, de l'affaiblir. Mais, en
agissant de la sorte, Constantin sut très habilement se maintenir dans les attributions du pontificat. Si le culte des dieux eut
à souffrir de ses mesures, et si, en attaquant la végétation para-
site, la hache impériale et pontificale fit au tronc de nombreuses
entailles, c'est que les abus qu'elle frappa étaient trop étroite-
ment enlacés à celui-ci pour qu'on pût les retrancher sans l'atteindre et l'ébranler lui-même.

Constantin ne sortait pas de son rôle de pontife quand, en
319, il publiait un rescrit et un édit contre les abus de l'art divi-
natoire [7]. En interdisant sous les peines les plus sévères l'en-
trée des demeures privées non seulement aux aruspices, mais
encore aux prêtres des idoles, il avait soin de réserver à tous le

pontifes de Vesta : cet office absolument païen n'a pu conférer à son titulaire
un droit quelconque au gouvernement de l'Église. On trouve dans l'opuscule
de M. Aubé (*De Constantino imperatore pontifice maximo* (1861) et dans le
livre de M. Bouché Leclercq (*les Pontifes de l'ancienne Rome*, p. 406-407) une
tendance à rajeunir la thèse de Van Dale ; mais ces deux savants auteurs
conviennent qu'aucun écrivain chrétien n'a donné à Constantin le titre de
pontife, et que son immixtion fréquente dans les affaires ecclésiastiques était
un abus de pouvoir.

[1] Pline, *Ep.*, IV, 8 ; X, 8 ; Tacite, *Ann.*, I, 3 ; *Hist.*, I, 77 ; Suétone, *Clau-
dius*, 4 ; Dion Cassius, LV, 5 ; LVIII, 8 ; Capitolin, *M. Antonin. phil.*, 6, 3 ;
Lampride, *Alex.*, 49 ; Julien, *Ep.* 21, 63 ; Orelli-Henzen, 6005, 6053, 6057.

[2] Tite-Live, XXII, 57 ; XXVII, 8 ; XXVIII, 11 ; XXXVII, 51 ; Valère Maxime, I,
1, 6 ; VI, 9, 3 ; Sénèque, *Controv.*, I, 2, 10 ; Aulu-Gelle, I, 12 ; IX, 11, 15 ;
Code Justinien, V, xxvii, 1 (loi de 336) ; Julien, *Ep.*, 49, 62, 63 ; fragment d'une
lettre à un pontife, 10-14.

[3] *Code Théodosien*, XII, 1, 21 ; v, 2.

[4] Suétone, *Aug.*, 31 ; Tacite, *Ann.*, III, 59 ; *Hist.*, II, 91.

[5] Maximus pontifex dicitur, quod maximus rerum, quæ ad sacra et reli-
giones pertinent, judex sit vindexque contumaciæ privatorum magistratuum-
que. Festus, *Ep.*, p. 126.

[6] Pontifex maximus.... judex atque arbiter habetur rerum divinarum hu-
manarumque. Festus, p. 185.

[7] *Code Théodosien*, IX, xvi, 1, 2.

droit de recourir à la divination publique. Prêtres et aruspices conservaient la faculté d'accomplir à la lumière du jour, dans les temples ouverts, les rites divinatoires : il leur était seulement interdit de donner des consultations secrètes, qui eussent pu offrir un danger pour la tranquillité publique et pour la morale. Si quelque païen avait songé à se plaindre de ces prohibitions, Constantin lui eût facilement fermé la bouche en lui rappelant l'exemple de Tibère [1] et de Dioclétien [2], auteurs d'ordonnances analogues, ou même en citant la loi des douze Tables [3]. Il y avait là, cependant, un coup indirect porté au paganisme, qui précisément à cette époque aimait à s'envelopper d'ombre et de mystère ; mais le coup était porté d'une main si fine et si sûre à la fois, que personne n'eût osé réclamer, de peur de se trahir.

Constantin s'efforçait d'adoucir par quelques réserves ce que ces mesures pouvaient avoir de pénible pour les tenants de l'ancien culte. Il déclare, en 321, n'impliquer dans aucune accusation les rites de l'aruspicine ayant pour but de guérir les maladies ou de protéger les récoltes [4]. Une autre loi, relative à cette secrète et redoutable science, en contient même la reconnaissance officielle ; cependant, si on lit entre les lignes, on y retrouve surtout la volonté de tirer de l'ombre et d'exposer au grand jour les pratiques du paganisme, que la publicité seule pouvait rendre inoffensives. La foudre avait frappé l'un des amphithéâtres de Rome : Constantin déclare que les aruspices devront, quand un événement semblable se produira, interpréter le présage selon l'ancienne coutume [5], mais seront tenus d'envoyer directement leur consultation à l'empereur [6]. C'était le meilleur moyen de supprimer les interprétations malveillantes et de surveiller de près les réponses des aruspices, qui, laissées sans contrôle, eussent pu devenir aux mains du parti païen une dangereuse arme de guerre [7]. Mais, encore une fois,

---

[1] Suétone, *Tiberius*, 63.

[2] *Code Justinien*, IX, viii, 2.

[3] Paragraphe x.

[4] *Code Théodosien*, IX, xvi, 3, — Cf. Apulée, *Apol.*; Columelle, *De cultu hortorum*, 341.

[5] Cf. Orelli, *Inscr. rom.*, 2301; *Bull. della comm archeol. com. di Roma*, 1890, p. 141.

[6] *Code Théodosien*, XVI, x, 1, § 1.

[7] Dans la foudre frappant un édifice public, les païens voyaient une menace

en agissant de la sorte, Constantin ne dépassait pas ses droits de pontife suprême, et ne fournissait aucun prétexte avouable aux plaintes des païens.

La conduite de Constantin après la défaite de Licinius prouve sa volonté de maintenir la liberté de conscience et de demeurer fidèle aux engagements de 313. J'ai raconté ailleurs [1] cette levée de boucliers du paganisme, la première des tentatives de réaction qui, à diverses reprises, durant le IVe siècle, s'efforceront de détruire l'œuvre de pacification religieuse commencée par le vainqueur de Maxence. Je rappellerai seulement ici que, de 319 à 323, Licinius renouvela en Orient la persécution d'abord hypocrite, bientôt sanglante, et que, la guerre ayant éclaté entre lui et son puissant collègue, c'est entouré de prêtres et de magiciens, appuyé sur tous les oracles subitement réveillés, et faisant porter sur le front des légions les images des dieux, qu'il marcha contre Constantin. Bien que contenus de près par la ferme main de celui-ci, les païens d'Occident eux-mêmes avaient senti, pendant la préparation de la guerre, renaître leurs espérances : on les avait vus, en certains lieux, reprendre l'offensive, et même contraindre par la violence des fidèles à faire acte d'idolâtrie : Constantin dut protéger, par une loi de 323 adressée au vicaire d'Italie, la liberté des consciences chrétiennes [2]. Bientôt vainqueur en Orient, il prit les mesures nécessaires pour calmer l'effervescence religieuse dont cette partie de l'empire venait d'être le théâtre : il y nomma dans la plupart des provinces des gouverneurs chrétiens, interdit aux magistrats païens laissés en fonctions d'offrir des sacrifices, défendit de consacrer aux dieux de nouvelles statues, et remit en vigueur les ordonnances sur la divination abrogées par Licinius [3]. Il eût pu oser davantage, car le bruit s'était répandu d'une entière interdiction du culte des dieux [4], et beaucoup de païens, avec

---

de tyrannie (Sénèque, *Quæst. nat.*, II, 49) ou au moins un avertissement des dieux se plaignant d'une négligence dans leur culte (Festus, éd. Muller, p. 245 *a*). La foudre, interprétée selon les règles de l'aruspicine, avait jadis annoncé la chute imminente de Domitien (Suétone, *Domit.*, 16).

[1] *La Persécution de Dioclétien et le triomphe de l'Église*, t. II, p. 293-320.

[2] *Code Théodosien*, XVI, II, 5.

[3] Eusèbe, *De vita Constantini*, II, 44-45. — Il est probable que les mesures de Licinius en faveur du culte païen sont visées dans les lois rescindant les actes faits par lui *contra jus* : voir *Code Théodosien*, XV, XIV, 1, 2, 3.

[4] Eusèbe, *De vita Constantini*, II, 60.

la souplesse de l'esprit asiatique, devançaient les lois attendues en embrassant la religion du vainqueur [1]. Mais Constantin refusa d'abuser de la victoire. Il voulut au contraire rassurer ceux de ses sujets qui demeuraient attachés aux anciennes croyances. Dans ce but, il fit paraître une sorte d'édit, ou plutôt de proclamation, qui est peut-être l'écrit le plus singulier échappé à la plume d'un souverain. Mais l'étrangeté de sa forme ne diminue pas la portée de l'acte. A la suite d'effusions pieuses, de récits autobiographiques, on y lit, deux fois répétée, une nouvelle déclaration garantissant la liberté du culte païen, la conservation des temples, et interdisant de chercher querelle à personne à cause de ses opinions [2].

On ne saurait dire, cependant, qu'entre 313, date de l'édit de Milan, et 323, date de ce second édit, la situation respective des deux cultes n'ait pas changé. En ce temps, comme de nos jours, les événements marchaient vite, et dix années amenaient bien des transformations dans les idées et dans les faits. Il suffit de lire les deux textes pour mesurer la révolution accomplie. A Milan, Constantin emploie le style incolore et vague de la neutralité religieuse : aucune parole ne trahit son changement de croyances : tout au plus pourrait-on deviner le déiste, mais combien de païens instruits, à cette époque, cachaient le déisme sous la multitude des observances traditionnelles ! Maintenant, au contraire, c'est le chrétien qui parle, sans réticences et sans ambages, et si par prudence politique, par respect d'engagements anciens, peut-être même par humanité, il fait grâce au paganisme, les expressions employées indiquent bien que le souverain a cessé de tenir la balance égale entre les deux religions. Depuis plusieurs années celle-ci penchait, chaque jour plus visiblement, du côté du christianisme. Dès 319, dans ses ordonnances sur la divination, Constantin éprouve le besoin de rassurer les païens : « Vous qui pensez que cela convient, allez aux autels publics, et célébrez-y les solennités de votre religion; car nous ne défendons pas d'accomplir à la clarté du jour les rites de l'ancienne observance [3]. » Que l'on pèse bien les mots : ce sont encore les autels publics *(adite aras publicas)*, mais c'est

[1] Eusèbe, *De vita Constantini*, II, 18.
[2] *Ibid.*, 47-60.
[3] *Code Théodosien*, IX, xvi, 2.

déjà l'ancienne observance *(præterita usurpatio)*. On ne peut marquer plus clairement le caractère officiel conservé à côté de l'influence chaque jour décroissante et se perdant peu à peu dans le passé. Mais le langage va devenir plus net et plus dur. « Que ceux qui demeurent impliqués dans l'erreur de la gentilité, dit Constantin en 323, jouissent de la même paix et du même repos que les fidèles.... Qu'ils conservent tant qu'ils voudront les temples du mensonge ; nous, nous gardons les splendides demeures de la vérité [1]. » Et plus loin : « J'ai parlé plus longuement que le dessein de ma clémence ne l'exigeait, parce que je ne voulais rien dissimuler de ma foi, et aussi parce que plusieurs, me dit-on, assurent que les rites et les cérémonies de l'erreur et toute la puissance des ténèbres vont être entièrement abolis. C'est ce que j'aurais certainement conseillé à tous les hommes ; mais, pour leur malheur, l'obstination de l'erreur est encore trop enracinée dans l'âme de quelques-uns [2]. »

Platon conseille quelque part aux Grecs de traiter leurs esclaves avec douceur et mépris : Constantin semble avoir pris désormais ces paroles pour règle de ses rapports avec les païens. Il laisse apercevoir une pitié dédaigneuse pour les âmes demeurées « esclaves de l'erreur, » met dans un méprisant parallèle « les temples du mensonge » et « la splendide demeure de la vérité, » et manifeste son horreur pour « la puissance des ténèbres. » Mais la liberté, même octroyée de cette façon, était un don précieux pour le paganisme vaincu : laissé en possession de ses sanctuaires, il se consolait aisément des amères paroles qui lui en garantissaient la jouissance. Les anciens paraissent n'avoir pas eu, en ces matières, toutes nos délicatesses : ils étaient reconnaissants à un vainqueur qui se contentait de les outrager.

Constantin ne s'en faisait pas faute. Dans une autre composition, non moins étrange que l'édit de 323, mais de style analogue et de même esprit, il se laisse aller encore une fois à ses instincts de prédicateur et de controversiste. C'est un discours ou plutôt un long traité lu « devant l'assemblée des saints [3]. »

---

[1] Eusèbe, *De vita Constantini*, II, 56.

[2] *Ibid.*, 60.

[3] *Oratio Constantini ad sanctorum cœlum ;* dans Migne, *Patrol græc.*, t. **XX**, col. 1233-1315.

Ce titre semble lui donner pour date 325, et pour auditeurs les Pères du concile de Nicée [1]. Constantin y confirme la liberté promise au culte païen, mais il le fait en termes tout à fait blessants. « Allez, impies, s'écrie-t-il, puisqu'on vous le permet, et profitant de l'impunité qui vous est laissée, allez librement et aux immolations des victimes, et aux festins ; mêlez ensemble les fêtes et les orgies ; livrez-vous au plaisir et à la débauche sous prétexte de piété ; offrez vos sacrifices, ou plutôt contentez vos passions [2]. » Quelques années plus tard, — à une date incertaine, mais qui ne peut être antérieure à 327 [3], — autorisant la construction d'un temple en l'honneur de sa famille [4], temple sans idoles, autour duquel se donneront des jeux annuels, Constantin se sert d'expressions qui laissent voir toute son aversion pour l'ancien culte. « Nous mettons, dit-il, cette condition, que le temple consacré sous notre nom ne sera jamais souillé par les fraudes d'une contagieuse superstition, » *ne ædis nostro nomine dedicata contagiosæ superstitionis fraudibus polluatur* [5].

Les sentiments personnels de Constantin ne s'exprimaient pas seulement par des paroles : ils furent manifestés par divers actes. Dès 313, il refuse de célébrer les jeux séculaires [6] ; en 326, il s'abstient de prendre part aux cérémonies de l'ordre

---

[1] Cf. A. de Broglie, *l'Église et l'Empire romain au IVe siècle*, t. II, p. 78. Cependant, d'autres circonstances ont fait hésiter sur la date de ce discours. Tous les persécuteurs y sont nommés, mais il n'est pas question de Licinius. Le discours serait-il antérieur à 323 ? J'ai peine à le croire, car avant cette époque Constantin ne me paraît pas avoir encore pris les habitudes de pensée et de parole, l'ardeur de controverse, qui se montrent ici à chaque page. On pourrait attribuer ce discours à la fin du règne : Eusèbe le rapporte parmi les événements qui semblent appartenir aux années 333 et 334 ; « mais, dit Tillemont, il met en cet endroit quantité de choses qui regardent plutôt la vie de Constantin en général qu'aucune année particulière, et il ne parle de ce discours que par occasion, afin de donner un exemple du zèle de ce prince pour la conversion des païens. » *Histoire des Empereurs*, t. IV, p. 647, note XLVIII sur Constantin.

[2] *Oratio Constantini ad sanctorum cœtum*, 11.

[3] Crispus, mis à mort en 326, n'est pas nommé dans le préambule du décret, tandis que ses trois frères du second lit, Constantin le jeune, Constance et Constant, y sont nommés à la suite de leur père.

[4] A Hispellum (Spello) en Ombrie.

[5] Orelli-Henzen, 5580 ; Wilmanns, *Exempla inscr. lat.*, 2843. — Sur le sens de cette phrase, voir *la Persécution de Dioclétien*, t. II, p. 229, note 4 ; et Beurlier, *Essai sur le culte rendu aux empereurs romains*, p. 297-298.

[6] Zosime, II, 7.

équestre au Capitole [1] ; il interdit d'exposer, selon l'usage, son portrait dans les temples [2]. Cependant, quel que fût le langage, quels que fussent même les actes de l'empereur, et si énorme qu'ait été la perte d'influence subie par le paganisme, sa situation légale et matérielle n'était pas sensiblement altérée à la fin du règne de Constantin.

Les mesures prises par celui-ci, en certaines circonstances, contre les temples n'excédaient pas ses droits ou même ses devoirs de pontife suprême : et sans doute les païens éclairés l'approuvaient de supprimer en Égypte un culte infâme, célébré par des prêtres androgynes [3], de fermer ou de démolir, en Phénicie, des temples de Vénus où se pratiquait encore la prostitution sacrée [4], en Cilicie un temple d'Esculape exploité, aux dépens de la santé publique, par des charlatans [5]. Le sénat romain n'avait pas fait autrement quand il avait interdit, quatre-vingt-six ans avant l'ère chrétienne, la célébration des bacchanales [6] ; ni, deux siècles plus tard, Tibère quand il avait fait raser, à Rome, le temple d'Isis et jeter dans le Tibre la statue de la déesse, à cause des fraudes et des actes d'immoralité dont son culte était devenu le prétexte [7]. Les seules violences illégales dont quelques temples aient eu à souffrir sous Constantin [8] sont dues à son désir de décorer magnifiquement Constantinople, la nouvelle capitale de l'empire : il ravit à divers sanctuaires de Grèce et d'Asie des statues admirables, de précieux objets d'art [9] : ce sont là « jeux de prince, » et personne ne les a jugés plus sévèrement que saint Jérôme se plaignant que Constantin eût « paré sa ville par la nudité de presque

---

[1] Aurelius Victor, *Ep.*, 41 ; Zosime, II, 29.

[2] Eusèbe, *De vita Constantini*, IV, 16.

[3] *Ibid.*, IV, 25.

[4] *Ibid.*, III, 55, 58 ; et *Præparatio evangelica*, IV, 16. Cf. Socrate, *Hist. Eccl.*, I, 18 ; Sozomène, *Hist. Eccl.*, I, 8.

[5] Eusèbe, *De vita Constantini*, III, 57.

[6] Tite-Live, XXXIX, 8-19.

[7] Josèphe, *De bello judaico*, XVIII, 3. Voir cependant Lafaye, *Hist. du culte des divinités d'Alexandrie*, p. 53-55.

[8] Il faut encore citer cependant la démolition du temple de Vénus élevé par Hadrien au-dessus du saint Sépulcre ; mais en agissant ainsi, Constantin faisait cesser une odieuse profanation. Eusèbe, *De vita Constantini*, III, 25.

[9] Eusèbe, *De vita Constantini*, III, 49 ; Socrate, I, 16 ; Sozomène, II, 5 ; Zosime, II, 30. — Cf. mon livre sur *l'Art païen sous les empereurs chrétiens*, ch. VIII, p. 173 et suiv.

toutes les autres[1] : » mais on ne saurait voir une persécution du culte païen dans des actes d'expropriation qui atteignaient les cités aussi bien que les temples. Tout au plus la défaveur pour ceux-ci paraît-elle dans une loi de 326 commandant aux gouverneurs de surseoir à toute construction nouvelle avant d'avoir achevé les édifices commencés : « excepté les temples, » dit la loi, qui permet ainsi de laisser inachevés ceux dont l'autorité publique avait, à une époque antérieure, entrepris la construction[2]. Mais l'empereur pouvait aisément justifier cette exception par des motifs d'utilité générale et d'économie.

En fait comme en droit, le culte païen demeure intact. Les prêtres restent en possession de leurs charges et de leurs revenus : les temples gardent leurs biens. Nous avons vu le collège des aruspices confirmé dans ses fonctions. Une loi rendue après la mort de Constantin, mais relative à des faits de 333, montre, à cette époque, celui des pontifes en possession de ses anciens droits sur les sépultures[3]. Des lois augmentent même les privilèges des prêtres chargés de célébrer au nom des provinces ou des villes le culte de Rome et de l'empereur[4] : culte devenu presque entièrement civil, et qui finit par se résumer dans la pompe puérile des jeux, en même temps que dans les assemblées plus sérieuses de délégués provinciaux[5].

On peut se demander, cependant, si dans ses dernières années Constantin ne se décida pas à porter atteinte à la liberté de l'an-

---

[1] Saint Jérôme, *Chron.*, Olymp. 278.

[2] Il faut citer textuellement cette loi, car sa signification a été contestée. « Provinciarum judices commoneri præcipimus ut nihil se novi operis ordinari ante debere cognoscant, quam ea compleverint quæ a decessoribus inchoata sunt : exceptis duntaxat templorum ædificationibus. » *Code Théodosien*, XV, i, 3. Entendue littéralement, la phrase est amphibologique. On peut y voir une exception en faveur des temples, dont la construction pourra être entreprise même si les autres ouvrages en train ne sont pas achevés ; ou au contraire une exception encore, mais défavorable, permettant de laisser inachevés les temples pour entreprendre des constructions nouvelles. Ce dernier sens me paraît seul conforme aux sentiments manifestés par Constantin à l'époque où fut rendue cette loi. Il n'est pas vraisemblable qu'il ait, en 326, accordé un privilège aux seuls édifices qu'il qualifie si durement, dans l'édit de 323, de « temples du mensonge, » et autorisé les magistrats à négliger l'achèvement de toutes les constructions utiles pour en bâtir de nouveaux.

[3] *Code Théodosien*, IX, xvii, 2.

[4] *Code Théodosien*, XII, i, 21 ; v, 2 ; *Code Justinien*, V, xxvii, 1.

[5] Cf. de Rossi, *Bull. di archeologia cristiana*, 1866, p. 55 ; 1878, p. 31 et suiv. ; Beurlier, *Essai sur le culte rendu aux empereurs romains*, p. 290-300.

cien culte. Quatre ans avant sa mort, sous le consulat de Dalmace et de Zénophile, les tombes païennes furent exposées à de nombreuses profanations : des magistrats mêmes firent renverser, en divers lieux, les édifices qui abritaient les cendres des morts [1] : comme ces édifices étaient parfois très vastes, de véritables temples élevés aux dieux Mânes [2], on peut se demander si ces faits ne se rattachèrent pas à un violent mouvement d'opinion, excité dans le peuple ignorant ou fanatique par une loi de proscription de l'idolâtrie. L'indulgence avec laquelle furent punis, quelques années plus tard, ces actes ordinairement réprimés avec une extrême sévérité, porterait à le croire [3]. Ainsi s'expliqueraient divers textes d'Eusèbe, de Socrate, de Sozomène, attribuant à Constantin une interdiction générale du paganisme et la démolition de nombreux temples [4]; textes difficiles à concilier avec la législation de ce prince, telle qu'elle est sous nos yeux, mais très clairs si on les rapporte à une loi de la fin de son règne, qui ne se retrouve pas, au moins en propres termes, dans les codes.

La transformation survenue, dès l'avènement de Constance, dans la politique religieuse des empereurs chrétiens donne à cette hypothèse quelque vraisemblance. En 341, trois ans après être montés sur le trône, Constance et son frère Constant promulguent une loi prohibant les sacrifices. C'est une vraie déclaration de guerre à l'ancien culte. Cette loi doit être citée dans son texte, car elle fait allusion à une prescription antérieure de Constantin, dans laquelle il est permis de voir la preuve du changement d'idées qui, tout à la fin de sa vie, aurait préparé l'abrogation des dispositions libérales de l'édit de Milan, si souvent rappelées cependant, sous diverses formes, durant son long règne. « Que la superstition cesse, disent les deux nouveaux empereurs, que la folie des sacrifices soit abolie. Car si quelqu'un, contrevenant à la loi de notre divin père et à ce commandement

---

[1] *Code Théodosien*, IX, xvii, 2.

[2] Une loi de 357 donne encore aux tombeaux le titre d'*ædificia Manium*. *Code Théodosien*, IX, xvii, 4.

[3] La loi de 349 (*Code Théodosien*, IX, xvii, 2) a pour objet de transformer en amende la peine capitale encourue par ceux qui ont profané les tombeaux en 333.

[4] Eusèbe, *De vita Constantini*, II, 45; Socrate, I, 18; Sozomène, 1, 8; Théodoret, I, 1; Orose, VII, 28.

de notre clémence, ose célébrer des sacrifices, que le châtiment mérité le frappe d'après la présente sentence [1]. »

Cette loi, telle que nous la possédons, semble dépourvue de sanction ; mais une ordonnance postérieure apporte celle-ci, précise et terrible. Ce ne sera pas moins que la confiscation et la mort : la même peine atteindra les gouverneurs de provinces qui auront négligé de sévir. « Il nous a plu, dit la loi, d'ordonner la fermeture des temples dans tous les lieux et dans toutes les villes, afin que l'interdiction d'y entrer ne laisse plus à ces perdus [2] l'occasion de pécher. Nous voulons aussi que tous s'abstiennent des sacrifices [3]. » Quelques années plus tard, en 356, la peine capitale est encore annoncée à quiconque ose offrir des sacrifices ou adorer des idoles. Cette nouvelle loi porte les signatures réunies de l'Auguste Constance et du César Julien [4].

« Toute superstition doit être renversée de fond en comble, » écrivent les empereurs dans une autre loi [5] : mais celle-ci pose en même temps un principe de conservation, destiné à préserver la parure architecturale de l'empire contre les excès d'une réaction trop violente. « Nous voulons cependant, ajoutent-ils, que les constructions des temples, situées en dehors des villes, demeurent intactes et à l'abri de toute dégradation. Car, comme de quelques-uns d'entre eux divers spectacles tirent leur origine, il ne convient pas de renverser des édifices auxquels sont depuis longtemps attachés les plaisirs du peuple romain. » Un grand nombre de temples sont ainsi garantis par la loi elle-même et déclarés « intangibles : » ce sont les plus célèbres et les plus beaux, en particulier ceux qui, dans la plupart des provinces et dans un grand nombre de villes, servaient de centre au culte de Rome et d'Auguste. La précaution, du reste, est prématurée, car aucune loi n'a commandé de détruire les temples : le

[1] *Code Théodosien*, XVI, x, 2.

[2] Perditis.

[3] *Code Théodosien*, XVI, x, 4. La loi porte la date de 346 ; mais celle-ci est contestée par Godefroy, qui propose 353. Voir la note d'Haenel, dans son édition du *Code Théodosien*, Bonn, 1842.

[4] *Code Théodosien*, XVI, x, 6.

[5] *Code Théodosien*, XVI, x, 3. Cette loi porte dans les manuscrits la date de 346 ; Godefroy la corrige en 342, parce que Catulinus, préfet de Rome, à qui la loi est adressée, géra cette magistrature en 342-344, non en 346.

seul ordre donné par les empereurs a été de les rendre inacces-
sibles en les fermant [1].

Constantin avait limité l'exercé de la divination; Constance,
qui, par défiance politique, redoutait plus encore que son père
cette dangereuse science, dirigea contre elle plusieurs lois, dont
l'une, signée aussi du César Julien, poursuit jusque dans les
palais impériaux, jusque dans l'entourage le plus intime des sou-
verains [2], quiconque pratiquerait les arts magiques. Dans un
langage habilement calculé, les sorciers, les Chaldéens, les mages
sont nommés pêle-mêle avec les augures et les aruspices [3].
Rien n'indique cependant que Constance ait enlevé à l'aruspicine
officielle la place que Constantin lui avait laissée. Il ne toucha
certainement pas au collège des augures, composé des plus
grands personnages de Rome [4]. Ce qu'il voulut atteindre, ce
furent les augures privés, gens de peu d'importance et de consi-
dération, ayant le nom seul en commun avec les augures publics [5]; ce furent les augures volontaires [6], étrangers à tout
collège reconnu [7]; ce fut aussi, comme son père, l'exercice particulier et secret de l'aruspicine. Mais si la distinction exista
certainement en fait, elle ne se rencontre pas dans la loi, rédigée
de manière à jeter la défaveur sur toute interrogation de l'avenir,
quelle que fût la dignité des hommes qui s'y livraient [8]. Pour

[1] Sozomène dit cependant (*Hist. Eccl.*, III, 17) que Constance donna quelques temples ainsi fermés à des églises qui avaient besoin de terrain ou de
matériaux. Mais il se peut que ces temples aient appartenu à des villes dont
les habitants s'étaient faits chrétiens, et avaient voté la destruction des sanctuaires idolâtriques, comme il arriva plus d'une fois en Orient.

[2] In comitatu meo vel Cæsaris.

[3] *Code Théodosien*, IX, xvi, 4, 5, 6 (années 357 et 358).

[4] Marquardt, *Römische Staatsverwaltung*, t. III, p. 383. Les inscriptions
nomment des augures en 315, 340, 343, 355, 376, 377, 387, 390; *Corpus inscr.
lat.*, t. VI, 503, 504, 511, 1690, 1695, 1700, 1778, 5061.

[5] Cicéron, *de Divinatione*, I, 58.

[6] *Ibid.*, et Caton, *De re rusticâ*, 5.

[7] Sur le collège des aruspices à Rome, Marquard, *loc. cit.*, p. 398; sur les
collèges municipaux, *ibid.*, et *Bull. della comm. arch. com. di Roma*, 1890,
p. 141.

[8] Plus d'une fois, dans les siècles précédents, les autorités romaines avaient
proscrit les hommes adonnés à la divination illicite ou à la sorcellerie (Valère
Maxime, I, 3, 3; Dion Cassius, XLIX, 43; LVI, 25; LXV, 1; LXVI, 9; Tacite,
Ann., II, 32; XII, 52; Suétone, *Vitellius*, 14; Tertullien, *De idololatria*, 9; Ul-
pien, *De officio proconsulis*, VII). Mais c'est toujours par les noms de *Chaldæi,
mathematici*, *vaticinatores*, γόηται, qu'ils sont désignés, non par ceux
d'*augures* et d'*aruspices*. De même dans les procès de sorcellerie racontés
par les historiens romains, il n'est question que de *magi, Chaldæi, mathe-*

les uns, c'était un coup direct ; pour d'autres c'était au moins une menace, si lointaine que fût l'époque où elle se réaliserait.

II.

Telle était la situation légale du culte païen, quand s'acheva le règne de Constance. L'ordre a été donné de fermer les temples ; les sacrifices sont interdits sous les peines les plus sévères ; le trouble est jeté dans une partie du clergé idolâtre par la prohibition des pratiques divinatoires. Il semble que la destruction soit consommée, et que de l'ancien culte ne restent plus que des ruines. Cette impression se modifiera si l'on fait attention à toute une catégorie de lois romaines, dans laquelle rentrent précisément celles que nous venons d'analyser.

« C'est étonnant, a dit un moraliste, ce que ne peuvent pas ceux qui peuvent tout. » Nulle part, peut-être, autant que dans l'œuvre législative des empereurs ne se montre cette impuissance du pouvoir absolu. Quand il touche à l'ordre civil, à l'état des propriétés et des personnes, le droit romain se développe avec une précision, une rigueur admirables. Il pose brièvement les règles : la loi est obéie dès qu'elle a parlé. Il en va tout autrement des réformes religieuses ou sociales. On voit alors le législateur obligé de se répéter souvent : ses paroles se perdent dans l'air, ou ne produisent que des résultats sans durée. Qu'on parcoure les lois rendues par les empereurs du premier au troisième siècle en faveur des esclaves : toutes répriment les mêmes abus, reproduisent les mêmes dispositions : c'est que l'une après l'autre a été abrogée par désuétude, par non-usage [1]. Il en sera de même des efforts des princes chrétiens pour abolir les combats de gladiateurs. Constantin les interdit absolument [2] : Cons-

---

matici (Tacite, *Ann.*, II, 27 ; III, 22 ; XII, 22, 52 ; XVI, 14). La seule exception qu'on puisse signaler est une sentence de Paul, indiquant la peine de mort pour quiconque aura consulté sur le salut du prince ou le sort de la république *mathematicos, hariolos, haruspices, vaticinatores* (Paul, *Sent.*, V, 21, § 93) ; mais il faut remarquer que cette sentence n'est pas dirigée contre les devins eux-mêmes, mais contre ceux-là seulement qui les interrogent sur des secrets d'État. Ici même, le nom respecté des augures n'est pas joint à l'énumération.

[1] Voir les textes cités dans mon livre sur *les Esclaves chrétiens*, p. 113-114.

[2] *Code Théodosien*, XV, xii, 1.

tance se borne à en parler avec mépris [1]. On les voit en acti-
vité pendant tout le quatrième siècle : ils font partie des fêtes
officielles [2] : des magistrats comme Symmaque versent encore
pour les plaisirs du peuple le sang humain dans le Colisée. Il
faudra le dévouement d'un moine pour mettre fin à ces crimi-
nelles tueries au commencement du siècle suivant. Les tentatives des empereurs pour supprimer légalement l'idolâtrie n'auront pas un succès plus rapide. Des lois se suivent contre elle,
rappelant d'autres lois inobservées : elles condamnent les délin-
quants à des peines terribles, que l'histoire ne montre pas une
seule fois appliquées : la violence même des expressions employées par le législateur les fait ressembler à de vaines mena-
ces ou à d'impuissantes injures. D'un calme bien différent est
le langage d'un souverain qui se sent obéi.

Si les récits des contemporains et surtout les inscriptions ve-
naient à disparaître, la chute de l'ancien culte paraîtrait fort
simple. On lirait les dates des diverses lois qui l'ont proscrit, et
(tout en s'étonnant peut-être de leur fréquente répétition) on
pourrait fixer avec certitude l'époque où il a disparu sur toute
la surface du monde romain. Bien différent, et surtout bien
moins uniforme, est le spectacle offert par l'histoire et par les
monuments épigraphiques. A l'heure où nous nous figurions les
temples clos et déserts, nous y voyons fumer l'encens; quand
le culte païen semble partout aboli, nous voyons se déployer
sans obstacle, en beaucoup de lieux, la pompe de ses cérémonies : nous lisons sur les édifices élevés par des personnages
politiques, ou sur les bases des statues érigées en leur honneur,
les titres des pontificats dont ils se parent avec orgueil; nous
constatons que l'ancien culte, frappé à plusieurs reprises, est
encore debout, et même n'a point perdu partout l'apparence ou
les prérogatives d'une religion officielle. Ces faits démontrent
ce qui a été dit de l'impuissance au moins relative de toute une
catégorie de lois; ils font de plus ressortir le peu d'énergie et
de suite que mirent les empereurs dans la répression de l'idolà-
trie; probablement aussi ils dénotent la volonté des princes
chrétiens de ne se laisser entraîner à aucune mesure qui rap-

---

[1] *Code Théodosien*, XV, xii, 2.
[2] Avec l'autorisation de Constantin lui-même; inscription de Spello, Orelli-
Henzen, 5580; Wilmanns, 2843.

pellerait, en sens inverse, les anciennes persécutions et en paraîtrait la revanche. Les édits ou rescrits dont les recueils
juridiques ont conservé la trace sont donc, en fait, moins des
actes proprement dits que des manifestations d'idées et de sentiments. Pour la victoire de la religion embrassée par eux, les
princes eux-mêmes attendent beaucoup plus du progrès des
mœurs, de la volonté des peuples, que de l'intervention des
magistrats. Au ive siècle, la destruction du paganisme fut surtout une affaire locale : les lois qui le proscrivaient se trouvèrent exécutées naturellement, et presque sans secousse, dans
les provinces ou dans les villes dont la population était devenue
chrétienne ; elles demeurèrent sans force là où les habitants
restaient fidèles au paganisme, et l'on eût quelquefois le spectacle de cités voisines, dont l'une renversait ses temples, tandis
que l'autre continuait à les entourer de respect et d'honneur.

Ce spectacle, ce ne sont pas seulement deux cités voisines
qui l'offrirent ; à regarder les choses d'une manière générale, il
est donné par les deux moitiés de l'empire, dont la distinction,
sensible à toutes les époques, était devenue beaucoup plus mar-
quée depuis que Dioclétien avait divisé le monde romain, et
surtout depuis que Constantin avait fondé près du Bosphore une
seconde capitale. A partir de ce moment, l'Occident gravite autour de Rome, l'Orient autour de Constantinople ; et comme l'une
de ces villes est le sanctuaire par excellence du paganisme officiel, tandis que l'autre se glorifie de n'avoir pas vu la fumée des
sacrifices et d'arborer la croix au sommet de son Capitole, la
résistance païenne semble concentrée autour de la première ;
dans les pays soumis à l'influence de la seconde la propagande
chrétienne a rencontré beaucoup moins d'obstacles et remporté
de plus faciles victoires ;

On peut se demander si, vers le milieu du ive siècle, les païens
avaient encore la majorité dans le sénat de Rome. Le contraire
est à peu près certain [1] ; mais, ce qui est sûr, c'est que, même
inférieurs en nombre, ils y gardaient presque toute l'influence.
Les sénateurs chrétiens, fussent-ils investis de grandes charges
ou ornés d'une longue suite d'aïeux, faisaient médiocre figure
à côté de leurs collègues païens. Ceux-ci continuaient à se par-

[1] Saint Ambroise, *Ep.* 17.

tager les titres sacerdotaux et les gros revenus qui y étaient attachés, car les lois dirigées contre les temples et les sacrifices
n'avaient rien changé, sur tous les autres points, à l'organisation et au personnel de l'ancien culte. De là découlaient, pour
l'aristocratie païenne, des avantages de plusieurs sortes : honneurs, profits, puissance. Le chrétien pourra devenir préfet ou
consul, mais à la liste de ses magistratures ne s'ajouteront pas
ces titres d'augure, de quindécemvir, de pontife, de flamine,
qui, même aujourd'hui, donnent un si grand caractère aux inscriptions antiques où nous les rencontrons, et qui étaient alors
comme un second brevet de noblesse [1]. Il verra ses adversaires
jouir de l'influence que leur assurent l'administration des biens
des temples, la dispensation de leurs revenus, la dévouée et re-
muante clientèle des ministres inférieurs des dieux, des innombrables parasites du culte païen [2]. Il ne pourra même prétendre
à certaines juridictions d'un ordre spécial, comme est, par
exemple, la surintendance des sépultures, maintenue par les
empereurs chrétiens au collège des pontifes, et très importante
à Rome, où l'on a au plus haut degré la religion des tombeaux [3].
Beaucoup des choses qui rehaussent aux yeux du vulgaire l'importance personnelle, et souvent y suppléent, lui échapperont;
à ses collègues païens les particularités de costume, de cortège,
de préséance, qui distinguent encore les titulaires des grandes
charges sacerdotales [4]; à eux aussi, adeptes pour la plupart des
cultes orientaux, la mystérieuse auréole de l'hiérophante ou de
l'initié. Devant « ces lumières du sénat, » comme les appelle un
poète chrétien [5], devant ces rivaux auxquels, selon l'expression
d'un autre contemporain, « d'immenses privilèges et d'énormes
profits » assurent la prépondérance [6], le noble disciple de l'É-

---

[1] Nobilibus sacerdotia. Symmaque, *Ep.*, X, 3 (éd. Seek). Cf. Tacite, *Hist.*, 1,
77 : pontificatus auguratusque honoratis jam senibus annulum dignitatis ad-
didit; et Suétone, *Vitellius*, 5 : non solum honoribus, verum et sacerdotiis
amplissimis auctus.

[2] Marquardt, *Römische Staatsverwaltung*, t. III, p. 217-220.

[3] Voir *Code Théodosien*, IX, xvii, 2, § 1 (loi de 349).

[4] Marquardt, ouvrage cité, p. 216.

[5]   Ipsa et senatus lumina,
      Quondam Luperci et Flamines.
                              (Prudence, *Peri Steph.*, II, 517.)

[6] Privilegia maxima, lucra ingentia. Saint Ambroise, *Ep.* 18. Cf. Suétone,
Aug., 31 : Sacerdotum dignitatem et commoda. Voir Mommsen, *Römische
Staatsrecht*, t. II, 2e éd., p. 62 et suiv.

2

vangile se sent isolé, presque amoindri. L'opinion publique le
connaît à peine ; saint Augustin a pu écrire que, sous Constance,
« presque toute la noblesse de Rome » adorait les idoles [1].
L'expression dépasse la réalité des faits, mais exprime bien les
apparences ; Prudence aussi, voulant désigner l'aristocratie
païenne, emploie sans épithète le mot *nobilitas*, comme s'il n'y
avait pas de nobles chrétiens [2].

L'importance, la cohésion et la ténacité du patriciat païen font
illusion sur le nombre de ses membres. Cette illusion, Constance lui-même la partagea dès son premier contact avec lui. En
357, un an après avoir interdit les sacrifices sous peine de mort,
il vint à Rome. Entré en triomphateur, il prit bientôt des allures
plus simples, et visita en touriste la ville, qu'il ne connaissait
pas. Tous les monuments excitèrent son enthousiasme. Il les
proclamait l'un après l'autre plus beaux que ce qu'il avait encore
vu. Les temples mêmes trouvèrent grâce à ses yeux. « Suivant,
dit le païen Symmaque, à travers les rues de Rome le sénat
charmé, il considéra les sanctuaires d'un œil tranquille, lut les
noms des dieux inscrits sur leurs frontons, s'informa de l'origine de ces édifices, et témoigna de son admiration pour les
architectes qui les avaient élevés [3]. » On cite, parmi les temples
qu'il admira le plus, la masse arrondie du Panthéon, qui lui pa-
rut une merveille. Il vit aussi avec beaucoup d'intérêt le double
sanctuaire de Vénus et Rome, œuvre de l'empereur Hadrien.
« Celui de Jupiter Tarpéien lui sembla l'emporter sur le reste
autant que les choses divines l'emportent sur les choses humaines [4]. » Une seule fois le chrétien marqua ses réserves ;
avant de prendre la parole devant le sénat, Constance fit enlever
de la curie l'autel de la Victoire, sur lequel, au commencement
de chaque séance, les sénateurs païens faisaient fumer l'encens [5]. Mais, si un scrupule personnel ne lui permit pas d'être
témoin d'un acte d'idolâtrie, il ne songea pas à faire observer à

[1] Venerator idolorum, sacrorumque sacrilegorum particeps, quibus tunc
tota fere romana nobilitas spectabat. Saint Augustin, *Confess.*, VIII, 2. Il écrit
cette phrase en racontant la conversion du rhéteur Victorinus, arrivée
vers 361.

[2] Prudence, *Contra Symmachum*, I, 508.

[3] Symmaque, *Ep.*, X, 3.

[4] Ammien Marcellin, XVI, 10.

[5] Saint Ambroise, *Ep.* 18.

Rome les lois qu'il venait de porter contre l'ancien culte. « Il
conserva celui-ci à l'empire, écrit encore Symmaque, bien qu'il
suivît lui-même une autre religion [1]. » On le vit même accomplir fidèlement, à la demande de l'aristocratie, ses devoirs de
pontife suprême. « Il respecta les privilèges des vierges de
Vesta, il nomma les nobles aux sacerdoces, et ne refusa pas de
subvenir aux frais des cérémonies romaines [2]. » Rien ne fut
changé dans la ville éternelle ; deux ans après la visite de Constance, le préfet de Rome, Tertullus, effrayé par une sédition
populaire, offre un sacrifice dans le temple des Castors à Ostie,
afin d'obtenir des dieux la prompte arrivée de la flotte chargée
du blé d'Afrique [3].

Le temple des Castors était un de ceux auxquels s'appliquait
la loi de Constance sur la conservation des sanctuaires païens
qui avaient été l'origine de quelques-uns des spectacles chers
au peuple romain [4]. Là se donnaient, le 27 janvier, des jeux en
l'honneur des dieux jumeaux Castor et Pollux ; jusqu'au milieu
du ve siècle le peuple se portera en foule de Rome à Ostie pour y
assister [5]. Mais l'épisode de Tertullus montre que le temple des
Castors ne servait pas seulement, en 359, de prétexte à des
jeux ; il était demeuré ouvert, et l'on y offrait des sacrifices.
Probablement en était-il de même des autres temples qui, à
Rome, rappelaient l'institution de réjouissances annuelles.

Ces temples étaient très nombreux au milieu du ive siècle, si
l'on en juge par la liste des fêtes encore célébrées. Elle se
trouve dans le calendrier mis en tête d'un recueil chronographi-
que, dont la première édition est de 354. Tous les jeux d'origine
païenne y sont soigneusement marqués : fêtes en l'honneur des
lares de quartier *(compitalia)*, de la déesse des accouchements
(carmentalia), des grands et des petits dieux, tels que Janus,
Jupiter, Apollon, Mars, Neptune, Vulcain, Esculape, Hercule,
Cérès, Junon, Diane, Vénus, Flore, les Dioscures, Quirinus, le
Soleil et la Lune, les Génies, les Muses, l'Honneur, la Santé ;

---

[1] Symmaque, *Ep.*, X, 3.
[2] *Ibid.*
[3] Ammien Marcellin, XIX, 10.
[4] *Code Théodosien*, XVI, x, 3.
[5] Les jeux en l'honneur des Castors se célébraient encore à Ostie en 448 ;
ils sont marqués dans le calendrier de Polemius Silvius, qui est de cette année. *Corpus inscriptionum latinarum*, t. I, p. 335.

fêtes plus récentes des divinités orientales, comme Isis ou Sérapis; phases diverses des solennités en l'honneur de la Mère des dieux; le cycle s'achève, le 25 décembre, par l'anniversaire de Mithra, *natalis invicti* [1].

L'illustrateur et probablement le compilateur du recueil de 354 est le célèbre graveur Philocalus, le même qui reproduisit sur le marbre les inscriptions composées par le pape Damase en l'honneur des martyrs [2]. C'était un fervent chrétien [3]. Peut-être est-ce un scrupule religieux qui lui fit effacer du calendrier toute trace des jours fastes et néfastes (consacrés aux dieux), et indiquer les fêtes antiques simplement comme jours fériés ou affectés à la célébration des jeux, sans aucune mention de sacrifices. Mais il est impossible de croire que ceux-ci aient cessé à Rome, où nous venons de voir Constance lui-même nommer des prêtres des dieux, subvenir aux frais du culte, et où les inscriptions montrent non seulement les collèges sacerdotaux maintenus au complet, mais encore font mention d'immolations sanglantes. Si le document philocalien se tait sur celles-ci, il indique lui-même de très nombreuses cérémonies païennes. Il suffit de le parcourir pour les voir revivre à nos yeux. Nous assistons, le 13 février, à un pèlerinage des vestales, inaugurant près du tombeau de Tarpeia la série des fêtes consacrées à la mémoire des morts [4]. Deux jours après, ce sont les luperques

[1] *Corpus inscript. lat.*, t. I, p. 334 et suiv.

[2] De Rossi, *Roma sotterranea*, t. I, p. 120-121; t. II, p. 195-201; *Bull. di archeologia cristiana*, 1884-1885, p. 20-21. Cf. ma *Rome souterraine*, p. 25, 251.

[3] En signant de son nom la gravure de l'inscription composée par saint Damase en l'honneur du pape Eusèbe, Philocalus se dit *Damasi papæ cultor atque amator* (*Roma sotterranea*, t. II, pl. III, IV; *Rome souterraine*, pl. XII). — Outre le calendrier profane dont nous parlons, des fastes consulaires, une liste des préfets de Rome, une notice des régions de Rome, le recueil de 354 contient, dans sa première partie, une table pascale, deux listes d'anniversaires de papes et de martyrs, et un catalogue des papes; dans sa seconde partie la *Chronique* du docteur chrétien Hippolyte. Aussi M. de Rossi l'appelle-t-il un almanach chrétien (*Roma sotterranea*, t. I, p. 116), et M. l'abbé Duchesne le définit-il « une sorte de manuel où se trouvent groupés tous les renseignements chronographiques et même topographiques nécessaires, au temps de la dynastie de Constantin, à un habitant de Rome qui faisait profession de christianisme (*Le Liber Pontificalis*, t. I, p. VIII). » — Le calendrier civil se trouve au tome I du *Corpus inscriptionum latinarum*, d'après lequel nous le citons; la *notitia regionum* au tome II de la *Topographie der Stadt Rom* de Jordan; les autres documents ont été publiés par Mommsen à la suite de son mémoire *Ueber den Chronographen vom Jahre 354*, dans les *Abhandlungen* de l'Académie royale de Saxe, t. I, Leipzig, 1850, p. 547 et suiv.

[4] *Virgo Vesta parental. Corpus inscr. lat.*, t. I, p. 336.

— appartenant à l'ordre équestre ou même à l'ordre sénato-
rial [1] — qui courent, demi-nus, le fouet en main, à travers la
ville [2]. Le 9 mars, retentit l'airain des boucliers sacrés, frappés
en cadence par d'autres prêtres aristocrates [3], les saliens [4].
Voici, le 15 mars, la procession des cannophores [5], le 22 mars,
celle du pin consacré à Cybèle [6]. Nous voyons, le 25 mars,
couler le sang de l'archigalle [7], et, le 27, les prêtres de la Mère
des dieux, précédés de tous les grands de Rome [8], baigner dans
l'Almone la pierre noire enchâssée d'argent [9]. Le 7 et le 15 juin
paraissent de nouveau les vestales : elles ouvrent [10] et fer-
ment [11] le trésor ou plutôt le magasin de la déesse, où les
femmes sont appelées à contempler pendant huit jours des re-
liques fort étranges, depuis les pénates de Rome jusqu'à des
aliments, de la saumure, du sang de cheval et des cendres de
veau [12].

Ces indications du calendrier de 354 ne sont pas de simples
souvenirs de fêtes alors périmées. On s'en rend compte en les
rapprochant d'autres textes, qui montrent les mêmes cérémonies encore célébrées à cette date, et même beaucoup plus tard.
Les pontifes réparent, en 382, les reposoirs destinés aux boucliers des saliens [13]. Les lupercales sont observées jusqu'à la fin
du vᵉ siècle [14]. On vient de voir Constance, en 357, confirmant
les privilèges des vestales. Prudence, trente ou quarante ans
plus tard, décrit en témoin les fêtes de Cybèle et la procession

---

[1] Marquardt, *Römische Staatsverwaltung*, t. III, p. 423. Cf. Prudence, *Peri Steph.*, II, 517-518.

[2] Lupercalia. *Corpus*, t. I, p. 336.

[3] Marquardt, t. III, p. 411.

[4] Arma ancilia movent. *Corpus*, t. I, p. 338.

[5] Canna intrat. *Ibid.*

[6] Arbor intrat. *Ibid.*

[7] Sanguem. *Ibid.*

[8] Cf. Symmaque, *Ep.*, II, 34 ; Prudence, *Peri Steph.*, X, 155.

[9] Lavatio. *Corpus*, t. I, p. 338.

[10] Vesta aperit. *Ibid.*, p. 344.

[11] Vesta cluditur. *Ibid.*

[12] Marquardt, *Röm. Staatsverwaltung*, t. III, p. 241, 322, 329, 332.

[13] Orelli, 2244.

[14] Le calendrier de Polemius Silvius (448) mentionne les *lupercalia* (*Corpus inscr. lat.*, t. I, p. 337). Elles se célébraient encore en 493, époque où le pape Gélase les attaqua, répondant à un traité apologétique du séna- teur Andromachus (Migne, *Patrol. lat.*, t. LIX, col. 110 et suiv.). La lettre de Gélase montre Castor et Pollux adorés à Rome à la même époque (*ibid.*, col. 114).

du bain sacré [1]. Le silence gardé par le recueil de Philocalus
sur les sacrifices proprement dits, de même que les prohibitions
sévères des lois, sont l'expression d'un désir, non la constata-
tion ou la preuve d'un fait. Dans Rome, au milieu du ıv^e siècle,
l'opiniâtreté d'une aristocratie gardienne vigilante des traditions
et des observances du paganisme, la complicité d'une population éprise de cérémonies et de spectacles, maintiennent toutes
les solennités de l'ancien culte. Des temples fermés par la loi,
mais restés ouverts en dépit d'elle, s'élève toujours la fumée
des holocaustes. Parmi les anniversaires marqués au calendrier
de 354 est celui de la fondation du cirque de Caligula, au Vati-
can, le 28 mars [2] : lieu et date consacrés jusqu'à la fin du siècle
à la célébration des tauroboles.

L'influence de l'aristocratie païenne de Rome dépassait les
murs de la ville éternelle, et s'étendait à toute l'Italie. Les sacerdoces, dont les plus illustres de ses membres étaient revêtus,
leur donnaient une certaine juridiction sur le clergé idolâtre de
la Péninsule. Le culte des dieux devait, dans les villes italiques,
offrir une image de la religion romaine : comme à Rome, il était
chose officielle, affaire d'État : à ce titre, il se trouvait sous la
dépendance du collège des pontifes [3], qui autorisait les dévotions particulières aux cités [4], connaissait des sacrilèges, inter-
prétait les mauvais présages, réglait les modes d'expiation [5].
Ces attributions restèrent en vigueur pendant tout le ıv^e siècle.
Les lettres de Symmaque montrent le zélé pontife ému d'un
prodige arrivé à Spolète, du peu de succès des rites expiatoires,
et préoccupé d'une prochaine réunion du collège pour aviser à
de nouveaux moyens de calmer la colère des dieux [6]. Son émo-
tion est plus grande encore à la nouvelle d'une faute commise
par une des vestales d'Albe (car plusieurs villes latines [7] avaient

---

[1] Prudence, *Peri Steph.*, X, 154-160 ; 196-200. Il parle aussi des luperques,
ibid., 161-165.

[2] Initium Cajani. *Corp. inscr. lat.*, t. I, p. 338. — Voir, sur ces diverses
mentions, l'ample commentaire de Mommsen à la suite des calendriers.

[3] Tacite, *Ann.*, III, 71.

[4] Sacra municipalia. Festus, p. 159 a.

[5] Cicéron, *De leg.*, II, 9, 22 ; Tite-Live, XXVII, 21, 4 ; XXIX, 8, 9 ; XXXVIII,
43, 6 ; XLII, 3 ; Tacite, *Ann.*, III, 71 ; Philagre, sur Virgile, *Géorg.*, II, 162.

[6] Symmaque, *Ep.*, I, 48.

[7] Vestales à Lavinium, Albe, Tibur ; Marquardt, *Römische Staatsverwaltung*,
t. III, p. 323.

aussi de ces prêtresses). Il correspond avec ses collègues, avec le préfet de Rome, réclame la punition de la coupable, invoque même à l'appui de sa demande un exemple récent : le préfet renvoie aux pontifes la connaissance de l'affaire : ceux-ci se transporteront au lieu où le scandale a été donné, pour présider à l'épouvantable supplice prévu par des lois qui ne sont pas abrogées [1]. Une vestale punie pour avoir violé son vœu et enterrée vivante, par ordre du collège des pontifes, à la fin du IVe siècle ! Voilà qui en dit plus que toutes les réflexions sur la persistance du paganisme en Italie.

On comprend l'autorité que des hommes encore investis d'aussi terribles pouvoirs gardaient sur l'esprit du peuple. Maîtres d'immenses domaines, villas de plaisance et propriétés de rapport, les membres de l'aristocratie romaine étaient, sur tous les points de la Péninsule, en contact avec lui. Quand on songe que, dans les dernières années du siècle, un sénateur capable de dépenser une somme équivalente à deux millions de francs pour célébrer la préture de son fils, et possédant quinze villas en Italie, sans compter des maisons à Rome, des terres en Sicile et en Mauritanie, passait pour un des moins riches parmi ses collègues [2], on se rend aisément compte de l'influence exercée, trente ou quarante ans plus tôt, par les opulents patriciens de Rome. Voyageant souvent, car le goût de la campagne est un des sentiments les plus sincères des hommes du IVe siècle, ils entretiennent d'étroits et fréquents rapports avec les villes italiennes. C'est ainsi que (exemple pris entre une multitude d'autres) nous voyons, vers le milieu du IVe siècle, les habitants de deux municipes élever une statue à un ancien correcteur de la Flaminie et du Picenum, qui fut deux fois vice-président [3] du collège des pontifes : ils le qualifient de patron, et se nomment eux-mêmes ses clients [4]. Un grand nombre de patrons des cités portent encore, sous Constantin et Constance, les titres d'augures, de saliens, de pontifes de Vesta, de pontifes du Soleil [5]. Comme on peut s'y attendre, beaucoup des

---

[1] Symmaque, *Ep.*, IX, 147, 148.
[2] Boissier, *la Fin du paganisme*, t. II, p. 211.
[3] Promagister.
[4] Wilmanns, *Exempla inscr. lat.*, 674.
[5] Voir, par exemple, *Corpus inscr. lat.*, t. X, 1125, 1695, 1700, 4752, 5061, etc.

membres de la petite noblesse ou de la haute bourgeoisie de province se modelaient sur ces grands personnages, et, moitié par vanité, moitié par intérêt, cumulaient aussi dans leurs villes les magistratures et les sacerdoces. Symmaque, séjournant dans une de ses propriétés du sud de l'Italie, remarque avec une satisfaction mêlée d'étonnement les goûts lettrés et la politesse de la noblesse campanienne [1] : il y reconnaissait probablement un reflet de ses propres sentiments, et l'attachement à l'ancien culte en même temps que l'imitation des mœurs aristocratiques.

Cet attachement n'était pas moindre chez les paysans. Tout à la fin du IVe siècle, une inscription [2] montre encore, à Capoue, le prêtre de la province exerçant ses fonctions, et fait connaître le férial païen resté en vigueur : en janvier, vœux pour le salut des empereurs ; en février, fête des génies ; en mai, procession lustrale au bord de l'Arverne ; en mai encore, offrande de roses en mémoire des mânes ; en août, seconde procession lustrale, fête de la moisson ; en octobre, fête des vendanges : l'inscription mentionne, en terminant, l'accomplissement d'un vœu avec l'autorisation des empereurs [3]. C'est le paganisme rural, innocent, peut-être expurgé : il eût été presque impossible de le déraciner dans l'Italie centrale et méridionale, si les sièges épiscopaux n'y avaient été très multipliés [4], et si l'action personnelle des évêques n'avait opposé quelque contrepoids à l'influence à la fois politique et religieuse du patriciat païen.

Mais là où les évêchés sont peu nombreux, comme dans l'Italie du nord [5], ce contrepoids manque : aussi le paganisme se maintient-il avec une opiniâtreté extraordinaire. Les paysans sont encore assez fanatiques, en 397, pour tuer des missionnaires de l'évêque de Trente : ceux-ci n'avaient commis d'autre crime que de défendre la liberté et les biens d'un chrétien, dont les idolâtres voulaient sacrifier les bœufs pendant la procession des *ambarvalia*. Quelques années plus tard, l'évêque lui-même sera massacré, pour avoir essayé de détruire le culte de Saturne

---

[1] Symmaque, *Ep.*, I, 3.
[2] Orelli-Henzen, 6112 ; *Corpus inscr. lat.*, t. X, 3792.
[3] Jussione dominorum.
[4] Duchesne, dans *Mémoires des antiquaires de France*, t. L, 1889, p. 380, 385.
[5] *Ibid.*

dans une vallée voisine du lac de Garde [1]. Cent ans après les lois de Constance, on voit en Ligurie les champs remplis d'autels de bois et de statues de pierre : des paysans prennent avec orgueil les titres de prêtres de Diane et d'aruspices [2].

III.

La fortune et l'influence de l'aristocratie ne se renfermaient pas dans la péninsule italique. A toutes les époques l'Afrique romaine eut des patriciens et des sénateurs parmi ses plus grands propriétaires. La moitié de la Zeugitane est, sous Néron, partagée entre six capitalistes de Rome [3]. Un peu plus tard, Frontin dit que beaucoup de propriétés africaines égalent l'étendue de grandes villes [4]. Sans doute, au ive siècle, les terres sont plus divisées, et la population indigène les possède concurremment avec le patriciat romain. Cependant les diverses provinces du nord de l'Afrique peuvent encore être considérées, sans trop d'exagération, comme des fiefs de la noblesse. Celle-ci trouvait avantage à n'avoir pas toute sa fortune en Italie, pays d'agriculture appauvrie, de pâturages improductifs, et à en placer au moins une partie dans le sol abondant en céréales, et alors très peuplé, que lui offrait l'autre rive de la Méditerranée. Aussi les textes nous montrent-ils un très grand nombre de ses membres possesseurs de vastes domaines dans la province proconsulaire, en Numidie, en Mauritanie, et jusqu'aux confins du désert [5]. L'influence de l'aristocratie dut contribuer à y soutenir l'ancien culte.

On peut voir une trace de cette influence dans un fait qui n'est pas particulier à l'Afrique, mais qui, plus qu'ailleurs, y paraît la règle générale. Dans ses villes, dans ses bourgs, les inscriptions montrent les dignités municipales et sacerdotales à peu près inséparables. Un curieux exemple de cette union entre la curie et l'autel est donné par l'album du sénat de Thamu-

[1] Voir Tillemont, *Mémoires pour servir à l'histoire ecclésiastique*, t. X, p. 542 et suiv., art. sur saint Vigile.
[2] Saint Maxime de Turin, *Sermo* 101.
[3] Pline, *Nat. Hist.*, XVII, 7.
[4] Frontin, dans *Gromatici veteres*, éd. Lachmann, p. 53.
[5] Symmaque, *Ep.*, VII, 66 ; saint Augustin, *Ep.* 46, 47, 58 ; Palladius, *Hist. Lausiac.*, 119.

gaddi : à la suite de clarissimes inscrits comme patrons, on y compte parmi les magistrats ou décurions en exercice quarante flamines perpétuels, quatre pontifes, trois augures : quinze membres seulement n'ont pas de fonctions religieuses [1]. Le titre de *flamen perpetuus* est toujours joint sur les marbres ou dans les textes à celui de *curator reipublicæ* [2]. Sous Valentinien, le curateur de Calame porte encore le titre d'augure [3], celui de Sicca Veneria le titre de pontife [4]. Le proconsul Festus Hymetius sera, vers 363, loué d'avoir restauré le sacerdoce de la province [5], sacerdoce de Rome et d'Auguste, devenu sans doute à cette date plus politique que religieux, mais qui se donnait aux seuls adeptes du paganisme, et mettait ainsi entre les mains de personnages importants de cette religion une autorité considérable.

Plus qu'en Italie, cependant, la prépondérance de l'aristocratie païenne était combattue en Afrique. Beaucoup de nobles étaient propriétaires dans ce pays ; mais, s'ils visitaient sans cesse leurs villas du Samnium ou de la Campanie, bien peu sans doute se souciaient d'affronter la mer et de s'éloigner de Rome pour paraître dans leurs domaines africains. La plupart ne les avaient jamais vus : Symmaque laisse le fisc ruiner ses terres de Mauritanie [6], et probablement un homme qui ne pouvait, de loin, surveiller ses intérêts dans ce pays n'y avait guère de force, tout pontife qu'il était, pour défendre ceux de l'ancien culte. Saint Augustin nous apprend, il est vrai, que les sénateurs chrétiens, propriétaires en très grand nombre dans sa province, n'y montrent pas beaucoup plus de zèle pour leur religion [7]. Quelques-uns faisaient exception cependant : tel Publicola, si préoccupé des rapports de ses fermiers et de ses colons avec les païens [8] ; tel Pammachius, loué par l'évêque d'Hippone pour être intervenu efficacement, pendant la querelle du donatisme, afin de conserver à l'orthodoxie la population de

---

[1] *Corpus inscr. lat.*, t. VIII, 2403,

[2] Voir Léon Renier, *Mélanges d'épigraphie*, p. 45 ; De Rossi, *Bull. di arch. crist.*, 1878, p. 29 ; et *la Persécution de Dioclétien*, t. I, p. 193, note 3.

[3] *Corpus inscr. lat.*, t. VIII, 5335, 5337.

[4] *Ibid.*, 1636.

[5] Quod studium sacerdotii provinciæ restituerit. *Corpus*, t. VI, 1736.

[6] Symmaque, *Ep.*, VII, 66.

[7] Saint Augustin, *Ep.* 58.

[8] Id., *Ep.* 46, 47.

ses domaines [1]. Pammachius est célèbre pour sa charité : on connaît les institutions bienfaisantes fondées par lui dans ses possessions d'Italie [2]; peut-être n'est-ce pas abuser de l'hypothèse que de lui attribuer un même souci des misères temporelles de ses tenanciers africains. On vient de le voir surveillant la pureté de leur foi ; il serait surprenant que les aumônes d'un homme aussi généreux n'aient pas souvent traversé la mer en même temps que ses conseils. Le moment n'est pas éloigné où un autre sénateur chrétien, se dépouillant de ses biens pour embrasser la pauvreté évangélique, réservera ses immeubles d'Afrique à des œuvres de charité [3]. De tels soucis étaient rares chez les païens, toute l'histoire l'atteste, et nous en trouvons la preuve dans la correspondance de Julien [4]. Sur ce terrain, l'aristocratie païenne de Rome fut sans doute aisément battue en Afrique : comme elle n'avait pas dans ce pays la juridiction sacerdotale qui lui donnait tant d'autorité en Italie, et qu'elle ne s'y faisait connaître ni par sa présence ni par ses bienfaits, elle n'y dut exercer, malgré l'étendue de ses domaines, qu'une influence assez disputée.

Celle qui lui restait, et dont nous avons cru voir un reflet sur la bourgeoisie municipale, encore si fortement imprégnée de paganisme, était contre-balancée par le très grand nombre des évêques. Nulle part, même dans l'Italie méridionale, les sièges épiscopaux ne furent multipliés comme en Afrique. A la fin du iv° siècle, ses diverses provinces en comptent plus de sept cents [5]. Le christianisme y a donc un pied partout ; les ruines immenses de ses basiliques et les innombrables inscriptions de ses fidèles le font suffisamment voir : et comme le nombre des évêques dépasse dans l'Afrique romaine celui des grandes villes et même des moindres cités, l'Église y paraît représentée par un

---

[1] Saint Augustin, *Ep.* 58.

[2] Saint Paulin de Nole, *Ep.* 13 ; saint Jérôme, *Ep.* 66 ; Palladius, *Hist. Laus.*, 122. — Cf. De Rossi, *Bull. di archeologia cristiana*, 1866, p. 40, 43, 50, 99-103.

[3] Palladius, *Hist. Laus.*, 119.

[4] Julien, *Ep.* 49 ; fragment d'une lettre à un pontife, 14.

[5] Saint Augustin, *Brev. coll. cum Donat.* — Morcelli (*Africa christiana*, t. I, p. 34 et suiv.) a dressé la liste de six cent quatre-vingt-cinq évêchés appartenant à la province proconsulaire, à la Numidie, à la Byzacène, aux deux Mauritanies, et à la Tripolitaine : il a retranché de sa liste soixante évêchés environ, parce qu'il ne pouvait, dit-il, en assigner la véritable position (*ibid.*, p. 43).

haut dignitaire et un clergé jusque dans des bourgs ou des villages. Aucune terre, peut-être, n'avait été aussi abondamment arrosée du sang des martyrs. Nulle part aussi les ardeurs religieuses n'étaient, dans les deux partis, plus excitées. Il faut donc séparer les provinces africaines des autres contrées de l'Occident, et reconnaître que l'influence païenne de Rome s'y exerçait à un moindre degré qu'ailleurs.

Les païens, cependant, y restaient assez nombreux et assez puissants pour avoir conservé, malgré les lois de Constance, leurs temples et leurs cérémonies. Saint Augustin, né en 354, a vu dans sa jeunesse toutes les fêtes de l'idolâtrie, et a laissé une description indignée des scandaleuses processions qui parcouraient Carthage en l'honneur de la *Virgo cœlestis* [1] ; plus avancé en âge, il a entendu, dans les temples, l'explication allégorique des récits immoraux de la fable [2]. En 390 encore, la correspondance de l'évêque d'Hippone avec le philosophe Maxime montre le forum de Madaure peuplé d'idoles (on cite en particulier deux statues de Mars), les dieux adorés publiquement (Maxime insiste sur la publicité des sacrifices), les magistrats et les décurions les honorant par des cérémonies bruyantes, que saint Augustin compare à des bacchanales, et enfin l'initiation aux mystères de Liber réservée aux plus fervents païens [3]. Quelques années plus tard, on étale encore sur les marchés des viandes immolées aux idoles, on sacrifie jusque dans les salles des bains publics, il y a des temples ouverts dans les campagnes, et ces temples ou leurs prêtres possèdent des champs ou des jardins [4].

IV.

Dans les trois grandes contrées occidentales, l'Espagne, la Gaule et la Bretagne, la résistance du paganisme ne sera pas moins longue.

L'Espagne est un des pays où la civilisation latine s'était le plus vite et le plus fortement établie. Sauf dans les provinces du nord et de l'ouest, les croyances et les mœurs locales avaient

---

[1] Saint Augustin, *De civitate Dei*, II, 4, 5.
[2] Id., *Ep.* 91.
[3] Saint Augustin, *Ep.* 16, 17.
[4] Id., *ibid.*

presque disparu, pour se fondre dans la grande unité romaine. Nulle part les villes n'étaient plus nombreuses. Dès le temps de Vespasien, on en connaissait cent soixante-quinze en Bétique, cent soixante-dix-neuf en Tarraconaise, quarante-cinq en Lusitanie, sans compter deux cent quatre-vingt-quatorze cités de moindre importance [1]. Nulle part aussi la vie municipale n'était plus active et plus florissante. Qu'il s'agisse du culte, des monuments, des fêtes, on se croirait en Italie. Dans les colonies et les municipes de la péninsule ibérique, les inscriptions montrent les magistrats ardents à briguer les honneurs, et à les payer par des spectacles, des jeux, des repas, des distributions d'argent et de vivres; elles font voir en même temps le peuple empressé à témoigner sa reconnaissance par des titres et des statues. Les dieux sont ceux de Rome, ou ceux de l'Orient auxquels Rome a donné droit de cité. A quelques exceptions près, on ne rencontre plus que dans le nord de la Tarraconaise ou chez les Lusitaniens le culte des divinités indigènes [2]; mais alors ce paganisme local est très puissant, puisque les soldats mêmes y participent, et qu'une ville entière s'associe quelquefois à ses manifestations [3]. Quant au culte de Rome et d'Auguste, l'Espagne est un des pays où il est le plus populaire : il a trois centres principaux : Tarragone, Mérida et Cordoue. On le trouve, de plus, installé dans toutes les villes de quelque importance. L'empereur vivant est lui-même adoré; le consulaire de la Bétique érige à Cordoue un monument de sa dévotion « à la divinité et à la majesté de Constance [4]. »

Les chrétiens étaient nombreux en Espagne. La Bétique, évangélisée dès les temps apostoliques, comptait un grand nombre de sièges épiscopaux [5]; ils étaient plus rares dans le centre, et surtout dans le nord, où l'on voit, au IIIe siècle, les deux villes assez distantes de Léon et d'Astorga administrées par un seul évêque [6]. « Toutes les frontières de l'Espagne, dit

[1] Pline, *Nat. Hist.*, III, 3, 4.
[2] Voir, par exemple, *Corpus inscr. lat.*, t. II, 454, 740, 2402, 2523, 2524, 2606, 3097, 5551, 5666, 5669, 5670, 5809.
[3] *Ibid.*, 2636.
[4] *Ibid.*, 2006.
[5] Voir *Revue des questions historiques*, janvier 1886, p. 7-12.
[6] Saint Cyprien, *Ep.* 67. Cf. *Histoire des persécutions pendant la première moitié du troisième siècle*, 2e éd., p. 325.

Tertullien, avaient reçu la foi du Christ [1] : » cela veut dire que dans toutes il y avait des fidèles, et l'histoire des persécutions suffirait à le démontrer. On connaît, durant le IIIe et le IVe siècle, des martyrs au nord comme au sud, à Saragosse, à Barcelone, à Girone, à Calahorra, à Mérida, à Tolède, à Tarragone, à Valence, à Cadix, à Cordoue [2]. Certains détails prouvent même que la foi n'était pas d'importation récente ; ainsi le diacre de Saragosse, Vincent, descendait d'une des plus illustres familles de la province, puisque son grand-père avait reçu les ornements consulaires, mais, depuis une ou deux générations au moins, cette famille était chrétienne [3]. Cependant, bien que de nombreuses victimes eussent péri dans les supplices, l'Espagne n'avait pas connu, entre païens et chrétiens, ces divisions profondes et violentes qui existaient, par exemple, en Afrique. A l'époque même où sévissait la persécution, le peuple des villes les plus attachées au paganisme, comme Tarragone, savait reconnaître et admirer les vertus évangéliques : l'évêque Fructueux, martyrisé sous Valérien, était populaire pour sa charité chez les idolâtres comme chez les fidèles [4]. Les rigueurs ordonnées contre ces derniers rencontraient probablement un médiocre concours de la part du peuple et même des magistrats. On voit, dans la dernière persécution, une sorte de commissaire extraordinaire délégué à la poursuite des chrétiens, et les jugeant tour à tour dans les diverses provinces [5] ; mesure évidemment superflue, si le sentiment public avait secondé en Espagne aussi complètement qu'ailleurs les volontés persécutrices du souverain.

[1] Tertullien, *Adv. Judæos*, 7.

[2] *Acta SS. Fructuosi, Augurii et Eulogii*, dans Ruinart, *Acta mart. sinc.*, p. 220 ; *Passio S. Vincentii, ibid.*, p. 389 ; Prudence, *Peri Stephanôn*, I, III, IV, VI ; martyrologes d'Adon, d'Usuard, aux 22 janvier, 23 octobre, 9 décembre. Cf. les *Dernières persécutions du troisième siècle*, p. 98-106 ; la *Persécution de Dioclétien*, t. I, p. 237-250, 437-446.

[3] *Passio S. Vincentii*, 1 ; Ruinart, p. 389.

[4] Talem amorem habebat non tantum a fratribus, sed etiam ab ethnicis. *Acta S. Fructuosi*, 3 ; dans Ruinart, p. 221.

[5] Voir *la Persécution de Dioclétien*, t. I, p. 235-236. — Si l'on veut voir dans Datianus le vicaire du diocèse d'Espagne (cf. Marquardt, *Röm. Staatsverwaltung*, t. I, p. 231 ; Willems, *Droit public romain*, p. 591), fonctionnaire considérable créé par Dioclétien et investi pour toute la péninsule de fonctions judiciaires, administratives et financières, il ne reste pas moins singulier que ce haut personnage se soit transporté lui-même dans les diverses provinces pour juger les chrétiens, au lieu de laisser, comme ailleurs, ce soin aux magistrats ordinaires.

On s'étonnera peut-être de rencontrer ces dispositions con-
ciliantes chez un peuple qui, plus tard, se montrera si jaloux de
l'unité religieuse, et réprimera avec une extrême sévérité toutes
les dissidences en matière de foi ; mais, à l'époque dont nous
nous occupons, l'Espagne était comme endormie sous le joug
romain : elle y avait perdu toute ardeur, tout esprit de combat,
et ne retrouvait un peu d'énergie que pour refuser aux empereurs les hommes nécessaires au recrutement des légions [1].
Cette fière contrée était devenue le pays pacifique par excellence, une terre heureuse où les partis les plus opposés ne de-
mandaient qu'à vivre en paix. Une telle disposition, à première
vue favorable au christianisme, n'était pas sans inconvénients
pour lui. Les chrétiens s'y accoutumaient ; beaucoup d'entre
eux, vivant tranquilles parmi les idolâtres, se laissaient aller à
imiter leurs mœurs ou même à suivre leurs coutumes. Les plus
pieux eux-mêmes ne s'en défendaient pas tout à fait ; ainsi,
quand Fructueux, Augure et Euloge eurent été brûlés vifs, leurs
amis, accourus pour recueillir les cendres des martyrs, les arro-
sèrent de vin, « afin d'éteindre le feu qui brûlait encore, » disent
les Actes [2], mais plus probablement en souvenir des libations
en usage chez les anciens après la crémation des corps. Des pratiques moins innocentes s'introduisaient aussi dans la société
des fidèles. Chose grave, de hauts personnages chrétiens en
donnaient l'exemple. On vit, au iiiᵉ siècle, un évêque de Mérida
fréquenter les assemblées d'un collège funéraire païen, y prendre
part aux fêtes et aux repas périodiques, et laisser enterrer ses
fils dans le cimetière des associés [3]. Au commencement du
ivᵉ siècle, des fidèles acceptent le titre de flamines municipaux ;
quelques-uns se contentent de donner des jeux publics, déjà
contraires à la discipline chrétienne à cause de leur caractère
immoral ou sanglant, mais d'autres vont plus loin, et sacrifient
comme les idolâtres en l'honneur de Rome et d'Auguste ; des

---

[1] Spartien, *Hadr.*, 12.

[2] Ad amphitheatrum cum vino festinanter pervenerunt, quo semiusta cor-
pora exstinguerent. *Acta SS. Fructuosi, Augurii, Eulogii*, 6 ; Ruinart, p. 223.
— Et perfusa mero leguntur ossa. Prudence, *Peri Stephanôn*, VI, 131. — De
l'eau eût suffi à éteindre les cendres : le vin paraît bien avoir eu une autre
signification.

[3] Gentilium turpia et lutulenta convivia et collegia diu frequentata.... filios
in eodem collegio, externarum gentium more, apud profana sepulcra deposi-
tos et alienigenis consepultos. Saint Cyprien, *Ep.* 68.

familles chrétiennes prêtent des vêtements ou des tapisseries pour tendre les maisons sur le passage des processions païennes ; des parents chrétiens marient leurs filles aux prêtres des dieux [1]. Cela se passait à une époque de paix profonde ; la violence des persécuteurs ne pouvait être invoquée pour excuse [2]. La cause de ces faiblesses était bien plutôt dans l'attrait que le paganisme avait conservé en Espagne sur des esprits trop bien façonnés aux institutions, aux idées et aux mœurs romaines pour rompre aisément tout lien avec lui.

Cet attrait se fit sentir pendant tout le IVe siècle. En dépit des changements politiques et religieux, le paganisme n'avait, en Espagne, rien perdu de sa force. Une ville entièrement chrétienne, comme Saragosse, y était une exception peut-être unique. Prudence l'attribue au sang des martyrs, qui a coulé dans ses rues et sur ses places plus abondamment qu'ailleurs, et en a chassé les démons [3]. Mais en d'autres villes ils continuent d'être adorés. Dans son *Apologie* récemment découverte, l'hérésiarque Priscillien, au milieu du IVe siècle, éclate en imprécations contre les dieux et leurs sectateurs [4] ; c'est l'esprit, c'est presque le langage du livre de Firmicus Maternus : de telles colères ne se comprennent qu'en face d'une religion restée debout et puissante. On voit encore, à la même époque, des temples et des idoles à Cordoue [5]. Cadix conservera le culte de Mars jusqu'au temps de Macrobe [6]. Tout à la fin du siècle, les adorateurs des dieux sont nombreux à Barcelone [7]. Phénomène plus extraordinaire, à la même époque des chrétiens, à Tarragone, apostasient pour revenir au paganisme, malgré les lois frappant d'incapacités civiles les apostats [8]. Ces lois elles-mêmes, émanant d'un empereur d'origine espagnole, Théodose, emploient des expressions qui montrent bien la situation conservée

[1] Concile d'Illiberis (Grenade), canons II, III, XVII, LV, LVII.

[2] Sur la date du concile d'Illiberis, voir Duchesne, *le Concile d'Elvire et les flamines chrétiens* (extrait des *Mélanges Renier*, 1886).

[3] Prudence, *Peri Stephanôn*, IV, 65-72.

[4] *Liber Apologeticus*, 15-19 ; dans *Corpus script. eccl. lat.*, t. XVIII, p. 14 et suiv.

[5] *Libellus precum*, 10, 20 ; dans Migne, *Patrol. lat.*, t. XIII. Le livre de Faustin et Marcellin, écrit en 380, relate dans ces passages des faits de 357,

[6] Macrobe, *Saturn.*, I, 9.

[7] Lettre de saint Pacien, dans *Bibl. max. Patrum*, t. IV, p. 316.

[8] Lettre du pape Sirice (384-393), dans Migne, *Patrol. lat.*, t. XIII, col. 1136.

par l'ancienne religion à la fin du iv⁰ siècle : elles punissent
ceux qui ont trahi le christianisme pour retourner « au culte et
aux rites païens, aux temples et aux autels [1]. » Ce culte et ces
rites, ces temples et ces autels avaient donc survécu aux premiers efforts de la législation pour les supprimer, les fermer ou
les abattre.

Il en fut de même, et plus longtemps encore peut-être, en
Gaule.

Cette vaste contrée, aussi entièrement domptée que l'Espagne
par les armes de Rome, l'avait été moins complètement par ses
idées. Sur une grande partie du territoire, la civilisation romaine s'était répandue comme un mince et brillant vernis, sans
pénétrer profondément. Ni pour les croyances, ni pour les
mœurs, l'esprit celtique n'avait abdiqué. Tandis que dans la
péninsule ibérique quelques provinces reculées gardaient seules
le culte des dieux indigènes, en Gaule il se retrouve partout.
Tantôt il se présente sans déguisement : ce sont les dieux celti-
ques, avec leurs noms barbares, avec leurs couples ou leurs
triades, avec leurs formes bizarres et monstrueuses qui font
penser à des idoles de l'Inde : ce sont surtout les dieux particu-
liers aux diverses localités, les divinités topiques, plus ou moins
associées à l'adoration des forces naturelles, et dont les décou-
vertes modernes nous révèlent chaque jour de nouveaux noms ;
c'est enfin la nature elle-même, par la vénération des sources,
des fontaines, des lacs, des arbres, des pierres sacrées. Tantôt
la religion indigène se montre déguisée, mais reconnaissable,
sous des noms latins ; une politique habile, dont l'idée première
paraît remonter à Jules César [2], identifie, toutes les fois que
cela est possible, les dieux gaulois avec les dieux romains qui
s'en rapprochent le plus. Dans les seules régions que baigne la
Méditerranée ou que le Rhône met en communication directe
avec elle, le paganisme gréco-romain s'est complètement accli-
maté ; encore toute trace de religion locale n'a pas été effacée
par lui [3] : Nîmes adore toujours le dieu Nemausus [4]. Par l'effet,

[1] Qui ad paganos ritus cultusque migrarunt.... qui ad aras et templa trans-
ierint.... ad aras et templa migrantium.... qui se sacrificiis mancipassent.
Lois de 381, 391, 393 ; *Code Théodosien*, XVI, vii, 1, 2, 3, 5.
[2] Jules César, *De bello Gallico*, VI, 17.
[3] Voir l'index du tome XII du *Corpus inscr. lat.*, p. 924-927.
[4] *Corpus inscr. lat.*, t. XII, 3096-3102, 5953.

peut-être, d'une secrète affinité avec les superstitions du pays, les cultes orientaux reçus dans le Panthéon romain sont très répandus dans ces régions. Lyon nous a laissé de nombreuses inscriptions tauroboliques [1] : on en a trouvé à Die, Riez, Valence, Vence, Orange, Vaison, et l'on sait que la Mère des dieux avait des prêtres à Aps. [2]. Narbonne offrit des tauroboles pour toute la province [3]; beaucoup plus haut, vers le nord, mais dans une contrée où les influences de l'Orient se font encore sentir [4], à Autun, Cybèle est l'objet d'un culte fréquent [5], qui durera pendant tout le ive siècle [6].

La résistance du paganisme en Gaule s'appuya moins encore sur les dieux de Rome, en possession des honneurs officiels, que sur les divinités locales, demeurées très vivantes, et sur les dévotions importées d'Orient. Il est curieux de le voir soutenu par deux personnages qui semblent placés aux pôles extrêmes du monde religieux, l'archigalle et le druide. Malgré toutes les proscriptions, le souvenir des druides est demeuré populaire. On le retrouve non seulement dans ce massif forestier du pays chartrain, où ils eurent jadis leur résidence, mais encore dans les villes les plus éloignées. A Bayeux, un temple de Belenus (l'Apollon gaulois) est desservi, au ive siècle, par les descendants d'une ancienne famille de druides. Ils se fixèrent plus tard à Bordeaux, où le père et le fils professèrent avec distinction la rhétorique. Ausone, s'adressant à l'un et à l'autre, célèbre leur noblesse sacerdotale, *stirpe druidarum satus* : c'est un titre d'honneur et comme une marque d'aristocratie. Le dieu indigène, servi par les amis d'Ausone, se rapprochait singulièrement, à cette époque, des dieux orientaux; tel était le syncrétisme du temps, qu'un druide, prêtre de Belenus, portait le titre de *pater*, qui désigne le plus haut grade des initiés de Mithra; dans la

[1] Wilmanns, *Exempla inscr.*, 119-122.

[2] *Corpus inscr. lat.*, t. XII, 357, 358, 1222, 1311, 1567-1569, 1744, 1745, 1782. — Dans une autre partie de la Gaule, à Lectoure, en Aquitaine, nombreux tauroboles au iiie siècle ; *Mém. des ant. de France*, 1837, p. 120.

[3] Taurobolium provinciæ. *Ibid.*, 4323, 4329. Autres inscriptions tauroboliques à Narbonne : 4321, 4322, 4325, 4328, 4329.

[4] *Histoire des persécutions pendant les deux premiers siècles*, 2e éd., p. 425 ; Renan, *Marc Aurèle*, p. 343 ; inscription de Pectorius, au polyandre d'Autun, Le Blant, *Inscr. chrétiennes de la Gaule*, n° 4, t. I, p. 10.

[5] *Acta S. Symphoriani*, 7, dans Ruinart, p. 69.

[6] Grégoire de Tours, *De Gloria confessorum*, I, 77.

pensée des derniers païens le culte de l'Apollon gaulois, de l'Apollon hellénique et du dieu persan se ressemblait probablement jusqu'à se confondre [1].

Une circonstance favorable au paganisme était le petit nombre des grandes villes. Sauf la Narbonnaise, qui semblait, selon le mot de Pline, un morceau détaché de l'Italie [2], les provinces gauloises contiennent beaucoup moins de groupes urbains que l'Espagne. Elles n'ont guère d'autres villes que les *civitates* ou chefs-lieux des anciens peuples indigènes. Celles-ci sont rares, puisque la Notice des Gaules, rédigée vers le milieu du ve siècle, n'en compte que cent douze [3]. Leur importance même décroît au ive siècle. Plus menacées par les Barbares, elles commencent à se resserrer; autour d'elles s'élèvent d'épaisses murailles, construites avec les débris de monuments des époques plus heureuses. Jadis ouvertes, gaies, lumineuses, les villes deviennent fermées, petites, sombres, déjà les cités du moyen âge. L'aristocratie s'en éloigne peu à peu; reprenant les habitudes de l'ancienne Gaule indépendante, elle s'établit au milieu de ses fermiers, de ses colons et de ses esclaves, dans ses villas somptueuses comme des palais et déjà fortes comme des châteaux [4]. De la sorte, elle fuit un séjour triste et se dérobe en même temps à l'influence chrétienne, qui commençait à dominer dans les milieux urbains. Le moment n'est pas encore où l'on pourra dire, avec un poète gallo-romain du commencement du ve siècle, que « le Christ seul est adoré dans les grandes villes [5]; » déjà cependant le peuple chrétien y est nombreux, parfois turbulent [6]. Mais, à part les évêchés de la Narbonnaise et de la vallée du Rhône, les Églises constituées sont pour la plupart d'âge assez récent; peu de sièges épiscopaux remontent plus haut que

---

[1] Ausone, *De prof. burdigal.*, IV, 7-12. — Cf. la note de Mommsen, *Corp. inscr. lat.*, t. V, 782, p. 84. — Bayeux n'était pas étranger aux cultes orientaux : chapiteau représentant le dieu Men (*Revue archéologique*, janvier 1869, p. 1-6).

[2] Pline, *Nat. Hist.*, III, 4.

[3] Voir Desjardins, *Géographie de la Gaule romaine*, t. III, p. 500 et suiv.

[4] C. Jullian, *Inscriptions romaines de Bordeaux*, t. II, p. 298; *Ausone et son temps*, dans *Revue historique*, 1892, p. 11-13; Fustel de Coulanges, *l'Alleu et le domaine rural*, p. 88-96.

[5] Severus Sanctus, *Carmen bucolicum*, 106 (dans Lemaire, *Poetæ Minores*, t. I, p. 585).

[6] En 386, la populace de Bordeaux lapide une femme accusée d'hérésie. Prosper d'Aquitaine, *Chron.*, dans Migne, *Patrol. lat.*, t. LI, col. 586.

la moitié du IIIe siècle, et beaucoup datent du IVe [1]. Leur rayon-
nement est encore à peu près nul dans les campagnes. L'influence chrétienne n'a presque pas touché les paysans.

Ceux-ci restaient la masse païenne par excellence, aussi dure
à entamer que les chênes de ses forêts. On les verra défendre
leurs idoles avec une extrême violence. Quand saint Martin
tente de détruire un sanctuaire païen à Levroux, une troupe
menaçante s'y oppose [2]. Ailleurs, les paysans, conduits par le
prêtre du village, veulent empêcher l'abatage d'un pin sacré [3].
A Bibracte, une bande de paysans se précipite sur le mission-
naire, qui essayait de démolir un temple [4]. Martin, renversant
une idole, est attaqué par un laboureur armé d'un soc de char-
rue [5]. Un disciple et imitateur de l'évêque de Tours, son homo-
nyme Martin de Brives, sera immolé par des paysans païens [6].
On voit encore à la fin du IVe siècle les campagnes gauloises par-
courues par de nombreux et bruyants cortèges, qui escortent
des statues couvertes de draperies flottantes [7] : c'est sans doute
l'équivalent des processions lustrales que prévoit, à la même
époque, le calendrier de Capoue. Des paysans portent en Gaule
les titres de prêtres et de pontifes [8], comme ceux que signalait,
de l'autre côté des Alpes, saint Maxime de Turin. J'ai déjà dit
que le culte de Cybèle dura aux environs d'Autun jusqu'au
Ve siècle. Auch possède encore à la même époque un temple
d'Apollon [9]. Les vies des saints montrent le paganisme rural encore vivant, deux siècles plus tard, sur divers points de la Gaule,
aux bords de l'Oise comme aux bords de la Seine et du Rhin,
au pied des Pyrénées comme dans les sombres forêts des Ar-
dennes [10].

[1] Voir Duchesne, *l'Origine des diocèses épiscopaux dans l'ancienne Gaule*,
dans *Mémoires de la Société des antiquaires de France*, 1889, t. L, p. 337 et suiv.
[2] Sulpice Sévère, *Vita B. Martini*, 14.
[3] *Ibid.*, 13.
[4] *Ibid.*, 15.
[5] *Ibid.*
[6] *Acta SS.*, août, t. II, p. 412.
[7] Sulpice Sévère, *Vita B. Martini*, 9.
[8] *Ibid.*, 13.
[9] *Mémoires de la Société des antiquaires de France*, 1837, p. 181-196.
[10] Vita S. Remacli, dans Duchesne, *Script. rerum Gall.*, t. I, p. 644 ; *Vita
S. Amandi*, *ibid.*, p. 645-647 ; *Vita S. Lupi*, dans *Acta SS.*, septembre, t. I,
p. 259 ; Montalembert, *Moines d'Occident*, t. I, p. 375 et suiv. ; Cochet, *la Seine-
Inférieure historique et archéologique*, p. 513.

Rattachées administrativement à la Gaule, la Belgique et la Germanie romaine voient leur histoire religieuse se confondre avec la sienne. Les traits du tableau restent les mêmes : grandes villes déjà éclairées par l'Évangile, campagnes encore plongées dans les ténèbres du paganisme. Le christianisme dominait à Mayence au milieu du iv° siècle ; un chef allemand profita, en 368, d'un jour de fête pour surprendre la ville pendant que les habitants étaient à l'église [1]. Au v° siècle, Trèves, « la Rome des Gaules, » sera appelée par Salvien une ville chrétienne [2] ; cependant les montagnes qui l'entourent sont toujours remplies d'idoles ; cent ans plus tard, Diane était encore adorée par les paysans [3].

Longtemps aussi le paganisme se maintint en Bretagne. La foi paraît avoir été portée dans ce pays bien avant le iv° siècle [4] ; mais, au dire d'un vieil historien, elle y fit d'abord peu de progrès [5]. On ne trouve de martyrs que dans la dernière persécution [6]. Quelques indices archéologiques montrent, sous Constantin ou ses successeurs, le christianisme répandu parmi les classes riches [7]. Il y avait certainement alors des Églises constituées ; trois évêques bretons, dont l'un porte un nom indigène [8], siègent, en 314, au concile d'Arles [9]. Mais ces Églises ne dépassèrent pas les limites de la domination romaine, dont York était vers le nord la dernière grande ville. A la fin du iv° siècle seulement la foi sera prêchée aux peuplades sauvages qui habitaient la région vague et disputée, l'éphémère province de Valentia, située entre le mur de Sévère et le rempart longtemps abandonné d'Antonin [10]. Même réduite à la partie méridionale de l'île, la chrétienté bretonne a dû jeter peu d'éclat ; quand, au v° siècle, s'y répandra l'hérésie de Pélage, il faudra, pour com-

[1] Ammien Marcellin, XXVII, 10.
[2] Salvien, *De Gubernatione Dei*, VI, 13.
[3] Grégoire de Tours, *Hist. Franc.*, VIII, 15.
[4] Origène, *In Lucam*, Homilia VI ; Tertullien, *Adv. Judæos*, 7.
[5] Ab incolis tepide suscepta. Gildas, *De excidio Britanniæ*, 7.
[6] Voir *la Persécution de Dioclétien*, t. 1, p. 40.
[7] Monogramme du Christ, de forme constantinienne, dans les fondations d'une villa romaine à Chedworth, dans les mosaïques d'une autre villa à Frampton, et, à Londres, sur un de ces conduits de plomb qui amenaient l'eau aux grands domaines. *Bull. di arch. crist.*, 1872, p. 122-123.
[8] Eborius (Yvor), évêque d'York.
[9] Mansi, *Concilia*, t. 1, p. 469, 476.
[10] Bède, *Hist. Eccl.*, III, 4.

battre celle-ci, faire appel à des évêques de la Gaule [1]. L'épigraphie chrétienne est en Bretagne d'une extrême pauvreté [2].
On croira difficilement que les empereurs, ne trouvant pas à
s'appuyer sur une population chrétienne encore très clairsemée,
aient eu la force de faire exécuter en d'aussi lointaines contrées
les lois contraires au paganisme; leur application eût été diffi-
cile, car tous les cultes romains et étrangers comptaient en
Bretagne de nombreux partisans dans les légions qui faisaient
de cette partie de l'empire comme un vaste camp retranché [3].

V.

Le paganisme résista moins longtemps en Orient. La plupart
des appuis qui l'avaient soutenu ailleurs lui manquaient en des
contrées moins soumises à l'influence directe de Rome et plus
rapprochées des lieux où se leva d'abord la lumière de l'Évangile.

La seconde capitale de l'empire ne ressemblait nullement à
la première. Constantin avait pu renfermer sept collines dans
son enceinte, la diviser en quatorze régions, lui donner un Capitole et un sénat; malgré ces apparentes similitudes, Constantinople et Rome avaient très peu d'analogie physique et à peu près
aucune ressemblance morale. La nouvelle ville était toute chrétienne. Quiconque l'eût parcourue rapidement et regardée d'un
œil distrait en eût pu douter au premier abord; sur un côté
du forum il eût aperçu la Rhéa du mont Dindyme, et, en face,
lui faisant pendant, une statue de la Fortune de Rome; il eût
admiré la porte de la curie, empruntée au temple de la Diane
d'Éphèse, et gardée par le Jupiter de Dodone et la Minerve de
Linde, debout sur des piédestaux; sur la *spina* de l'hippodrome,
entre Castor et Pollux, eût apparu à ses regards le fatidique tré-
pied de Delphes; çà et là, dispersées dans les palais, dans les
thermes, sous les portiques, sur les places, il eût contemplé

[1] Bède, *Hist. Eccl.*, I, 15.

[2] Les inscriptions datées n'apparaissent qu'au vi⁰ siècle; les inscriptions
non datées n'offrent pas les symboles employés par les premiers fidèles,
comme l'oiseau, le poisson, l'ancre, la palme. Voir Hübner, *Inscr. Britann.
christ.*; cf. Northcote, *Epitaphs of the Catacombs*, p. 184.

[3] La plupart des monuments religieux publiés au tome VII du *Corpus inscr.
lat.* proviennent de soldats.

d'innombrables statues des dieux, chefs-d'œuvre de l'art grec. Cependant un regard plus attentif lui eût appris qu'il n'était pas dans une ville païenne. Il aurait plutôt reconnu un immense et admirable musée [1]. On voyait des statues partout; nulle part on n'apercevait de temples, même fermés. Dans aucun coin, si reculé qu'il fût, ne montait vers le ciel la fumée des sacrifices. Les dieux n'eurent pas un autel à Constantinople avant le règne de Julien [2]. Les seuls édifices religieux étaient des basiliques chrétiennes, construites et décorées avec une grande magnificence. Le peuple attiré dans cette ville par des faveurs et des avantages de toute sorte était composé de chrétiens, mêlés sans doute de quelques indifférents : des païens zélés n'auraient pas été se loger en un lieu où leur culte ne se célébrait pas. Quant aux sénateurs, appelés de gré ou de force par Constantin dans la curie de sa nouvelle capitale, tous ou presque tous étaient chrétiens : s'il s'y rencontrait quelques idolâtres, ceux-ci étaient noyés dans une majorité étrangère à leurs idées, et demeuraient isolés, sans force et sans prestige. On a souvent dit que le sénat romain, peu à peu dépouillé depuis Auguste de ses attributions politiques, n'était guère que le plus noble et le plus splendide des conseils municipaux. Cependant, par l'appui que ses membres les plus considérables prêtaient au paganisme, par l'éclat et le pouvoir qu'ils en recevaient, — comme aussi par quelques attributions conservées en matière de justice, d'impôts et de législation [3], — cette assemblée exerçait encore sur la marche générale des événements une réelle influence. C'est elle surtout qui tenait en échec la politique religieuse des empereurs chrétiens et en retardait le succès. Mais ce qu'il n'est pas tout à fait vrai de dire du sénat de Rome, on peut le répéter très exactement de celui de Constantinople; malgré la splendeur dont Constantin avait voulu l'environner, afin de le rendre l'égal du sénat romain, il n'avait pu en faire un corps vraiment aristocratique, parce qu'une aristocratie ne se crée ou même ne se transplante pas : son influence ne fut jamais que celle d'une

[1] Eusèbe, *De vita Constantini*, III, 44; Socrate, *Hist. Eccl.*, I, 6. — Voir, dans *l'Art païen sous les empereurs chrétiens*, le chapitre intitulé : *l'Art antique à Constantinople*, p. 173 et suiv.

[2] Sozomène, *Hist. Eccl.*, II, 3 ; saint Augustin, *De civitate Dei*, V, 25.

[3] Voir Lécrivain, *le Sénat romain depuis Dioclétien*, p. 70-80.

assemblée de second ordre [1]. Eût-il été plus puissant, ses attributions se seraient exercées dans un sens favorable au christianisme, et hostile au culte abandonné par les empereurs.

Le paganisme, en Orient, avait donc contre lui ce qui, en Occident, faisait son principal appui : la capitale. Les secours qu'ailleurs il avait tirés de l'aristocratie lui faisaient ici complètement défaut. Il n'y avait pas à Constantinople un collège de pontifes pour maintenir autour de la ville impériale l'autorité des anciens rites : aussi, dès le milieu du quatrième siècle, voit-on abandonnés en Orient les sacrifices expiatoires que Symmaque, vingt ans plus tard, fait encore faire en Italie quand apparaît quelque prodige [2]. Une autre cause de sa faiblesse était l'ancienneté et la grande diffusion de la prédication chrétienne. En Occident, Pierre et Paul n'avaient guère prêché qu'à Rome ; les seules traces de ce dernier apôtre qui se rencontrent hors de l'Italie, traces vagues et à demi effacées, sont au sud de la Narbonnaise et à l'extrémité de la Bétique. Au contraire, les apôtres avaient, dès le lendemain de la Résurrection, parcouru l'Orient. De Rome, Pierre écrit à ses chers fidèles du Pont, de la Cappadoce, de l'Asie proconsulaire, de la Bithynie. Paul, dans ses missions, a visité la Syrie, la Cilicie, la Galatie, la Pamphylie, la Phrygie, la Lycie, la Carie, la Mysie, la Lydie, et, en Europe, la Macédoine et l'Achaïe. Dans toutes ces provinces se sont aussitôt constituées des Églises. L'*Apocalypse* montre plusieurs d'entre elles déjà atteintes par la persécution [3]. Dès le commencement du second siècle, la Bithynie, au dire de Pline, est tout à fait entamée par la propagande chrétienne ; il y a longtemps que le culte des dieux y tombe en décadence : leurs fêtes sont interrompues faute d'assistants ; les sacrificateurs ont cessé de mettre en vente la viande des victimes, pour laquelle ils ne trouvent plus d'acheteurs [4]. Quelques années plus tard, saint Ignace, conduit d'Antioche à Rome, est attendu dans toutes les

[1] Senatum secundi ordinis. Anonyme publié par Valois à la suite de son édition d'Ammien Marcellin, 1681, p. 661.

[2] Naissance à Daphné, en 359, d'un enfant monstrueux ; sur quoi Ammien Marcellin fait les réflexions suivantes : Nascuntur hujusmodi sæpe portenta, indicantes rerum variarum eventus : quæ, quoniam non expiantur, ut apud veteres, publice inaudita prætereunt et incognita. XIX, 12.

[3] *Apocalypse*, ii, 9, 10, 13 ; cf. vi, 9, 11 ; xx, 4.

[4] Pline, *Ep.*, X, 97.

stations de son itinéraire par des prêtres et des fidèles venus
des principales villes de l'Asie pour le saluer. L'une après
l'autre, toutes les persécutions font des victimes en Asie, en
Grèce, en Égypte. En même temps, les docteurs chrétiens y
fondent de florissantes écoles, comme celles d'Alexandrie, de
Jérusalem, d'Antioche, de Césarée. Toutes les fois qu'un vent
favorable dissipait pour quelque temps la fumée des bûchers ou
la buée sanglante des échafauds et des amphithéâtres, on apercevait ce que le christianisme avait gagné de terrain. Une de
ces accalmies eut lieu au commencement du règne de Dioclétien :
on vit des chrétiens remplir les fonctions municipales dans un
grand nombre de villes [1]. Une cité de Thrace avait même un
diacre parmi ses décurions [2]. Dans une ville de Phrygie, tous
les magistrats, le logiste, le stratège, les membres de la curie,
étaient chrétiens : le peuple s'était converti avec eux [3]. Quand
aux trêves partielles ou passagères Constantin eut substitué une
paix durable, les conquêtes du christianisme, ainsi préparées,
s'étendirent avec une rapidité extraordinaire. Labourées dans
tous les sens par trois siècles de prédication et de martyre, les
provinces orientales se couvrirent en peu d'années d'une abon-
dante moisson. Des régions entières apparurent déjà gagnées à
l'Évangile ; d'autres se rendirent presque sans lutte. « Des
cités, dit un écrivain du IVe siècle, renversaient leurs temples,
leurs idoles, et passaient à la religion chrétienne, sans que les
empereurs aient exercé sur elles aucune pression [4]. » En d'autres
lieux, le nombre des adhérents des deux cultes se balançait.
Enfin l'on pouvait compter les villes et les villages où l'idolâtrie
demeurait maîtresse incontestée.

Le paganisme occupait encore, cependant, de fortes positions
en certaines contrées de l'Asie romaine. Malgré ses grands
souvenirs chrétiens, la Palestine elle-même lui conservait de
nombreux adhérents : beaucoup de villes et de bourgs y restaient attachés à l'idolâtrie [5], et n'attendaient même qu'une
occasion favorable pour manifester leur haine du christianisme [6].

[1] Voir la Persécution de Dioclétien, t. I, p. 58.
[2] Passio S. Philippi, 7, 10 ; dans Ruinart, p. 447-450.
[3] Eusèbe, Hist. Eccl., VIII, 11, 1.
[4] Sozomène, Hist. Eccl., II, 5.
[5] Sozomène, III, 14.
[6] Ibid., V, 21.

Cette persistance de l'ancien culte là où l'on s'attendrait le moins à le rencontrer était due sans doute aux efforts des Romains pour établir la civilisation païenne dans le pays après les dernières révoltes des juifs [1]; mais elle avait aussi pour cause le voisinage de l'Arabie, dont une grande partie était encore idolâtre, et surtout le contact de la Phénicie au nord, de l'ancien pays des Philistins au sud-ouest, enserrant la Judée à ses deux extrémités comme des bandelettes tout imprégnées de paganisme.

Avec les autres villes de son littoral, Tabatha, Raphia, Anthédon, Ascalon, la métropole du pays philistin, Gaza, était parmi les plus ardents foyers de l'ancien culte [2]: la politique religieuse de Constantin et de Constance avait même allumé chez ses habitants de violentes rancunes, qui profiteront de la première occasion pour s'assouvir cruellement [3]. Aussi les autorités publiques, craignant d'exciter le fanatisme d'une population passionnément attachée à ses dieux, laissaient-elles sommeiller les lois contraires à l'idolâtrie : jusqu'à la fin du IVe siècle, Gaza montrera avec orgueil sa place publique ornée d'une statue de Vénus devant laquelle fume l'encens et brûlent sans cesse des lampes, ses huit temples toujours ouverts, son magnifique sanctuaire du dieu phénicien Marnas, dont l'oracle est consulté par d'innombrables pèlerins [4].

Nulle part le paganisme n'était aussi fortement retranché que dans la Phénicie proprement dite. Cet étroit rivage, resserré entre la mer et le Liban, avait été le berceau des cultes naturalistes qui répandirent tant d'éléments impurs dans les religions antiques, et s'y mêlèrent partout pour les corrompre. Dans les montagnes qui dominent la côte phénicienne, on retrouvait encore, durant le IVe siècle, le paganisme à l'état d'enfance, tel qu'il était avant que l'imagination hellénique eût jeté un rayon d'idéal sur son fumier. On y adorait, divinisés, les pires instincts de la nature déchue, en des rites étranges, efféminés, faits de volupté, de sang et de larmes : la Vénus du

---

[1] Voir *Histoire des persécutions pendant les deux premiers siècles*, 2ᵉ éd., p. 266.
[2] Sozomène, V, 3.
[3] *Ibid.*, 9.
[4] *Vita S. Porphyrii*, dans *Acta SS.*, février, t. III, p. 655.

Liban est toujours représentée pleurant [1]. Les explorateurs retrouvent à chaque pas, dans les campagnes entourant Byblos, Tyr ou Sidon, les cavernes qui servaient aux prostitutions sacrées [2]. Ce que Constantin avait fait pour les temples phéniciens d'Héliopolis et d'Aphaque, il n'est pas un temple de la contrée qui ne le méritât : mais ces démolitions nécessaires avaient laissé dans le cœur des païens de tenaces ressentiments, qui, sous Julien, se traduiront en représailles abominables [3]. L'acte de Constantin avait cependant été modéré : s'il avait renversé deux sanctuaires où l'impureté s'étalait avec trop d'audace, il avait laissé debout sur les sommets du Liban [4], comme sur ceux de la chaîne parallèle de l'Anti-Liban [5], d'innombrables temples, que ses successeurs épargneront après lui, et où les pèlerins monteront librement pendant le ive siècle [6].

Proche des derniers contreforts de l'Anti-Liban, Damas, qui connut cependant le christianisme dès la première heure [7], demeure, sous Constance, une des villes les plus fidèles au culte des dieux : dans une lettre de sa jeunesse, Julien l'appelle « la véritable cité de Jupiter, l'œil de tout l'Orient, la sainte, la vaste Damas, supérieure par la beauté des cérémonies et la grandeur des temples [8]. » Julien trouvera le paganisme non seulement florissant, mais fanatique, à Béryte, à Émèse [9], à Aréthuse [10] : toute la côte syro-phénicienne, tout le pays sur lequel le Liban projette son ombre, appartient à l'ancien culte et se montre très animé pour sa défense.

Il y avait cependant des exceptions. Au sud du pays des Philistins, Majuma, le port de Gaza, embrassa le christianisme dès le temps de Constantin : ce mouvement de foi, auquel contribua peut-être la rivalité séculaire existant entre les deux villes, fut récompensé : l'empereur, charmé, permit à Majuma de prendre

---

[1] Macrobe, *Saturn.*, I, 21. Cf. Renan, *Mission de Phénicie*, pl. XXXVIII ; François Lenormant, dans *Gazette archéologique*, 1875, p. 97.
[2] Renan, *Mission de Phénicie*, p. 204, 517-519, 647, 653, 691, et pl. LXV.
[3] Sozomène, *Hist. Eccl.*, V, 10.
[4] Renan, *Mission de Phénicie*, p. 220.
[5] Victor Guérin, dans *Bulletin de la Société des antiquaires de France*, 1883, p. 71.
[6] *Ibid.*
[7] *Actus Apost.*, IX, 1, 8, 10, 19.
[8] Julien, *Ep.* 24.
[9] Théodoret, *Hist. Eccl.*, III, 5 ; IV, 22 ; Julien, *Misopogon*, 19.
[10] Théodoret, III, 3 ; Sozomène, V, 10.

son nom, et fit de cet ancien faubourg de Gaza une cité de premier ordre [1]. Sur la même côte, Béthélie, « la maison des dieux, » pleine de temples, et dominée par un vaste panthéon, se convertit un peu plus tard, à la voix de saint Hilarion [2]. A Bostra, sur la limite de l'Arabie et de la Décapole, la moitié de la population avait reçu l'Évangile dès le règne de Constance, et l'influence du clergé parvenait à maintenir la paix entre les deux cultes [3]. Une ville de Phénicie, qui a renoncé au paganisme, obtient, elle aussi, le nom de Constantine [4]. Dans les contrées vouées à l'idolâtrie apparaissent ainsi, de loin en loin, des oasis chrétiennes : selon le mot de la parabole, la semence évangélique est tombée ici sur le roc ou dans les broussailles, là dans la terre fertile, où elle rend cent pour un [5]. Mais cette terre, encore très rare dans les régions que nous venons de parcourir, c'est beaucoup plus haut vers le nord qu'on la rencontre en abondance.

Au sortir des contrées comprises entre les deux chaines du Liban, le spectacle change tout à coup : tantôt les deux religions se partagent les habitants, tantôt même le christianisme l'emporte et règne presque seul : les villes toutes païennes sont aussi rares que les villes chrétiennes l'étaient dans le sud. La capitale de la Syrie, l'immense et magnifique Antioche, appartient au Christ. L'oracle de Castalie garde le silence : le bois sacré de Daphné n'est plus traversé par les promeneurs épris des souvenirs mythologiques, mais par les pèlerins qui se rendent au tombeau d'un martyr [6]. « La plus grande partie du peuple ou, pour mieux dire, le peuple entier fait profession d'athéisme, » écrira Julien en 363, dans sa furieuse invective contre les habitants d'Antioche [7] : pour les adorateurs des dieux, athéisme et christianisme sont des mots synonymes [8]. Mêmes

---

[1] Eusèbe, *De vita Constantini*, IV, 38 ; Sozomène, V, 3.

[2] *Vita S. Hilarionis*, dans *Acta SS.*, octobre, t. IX, p. 21, 22. — Cf. Couret, *la Palestine sous les empereurs chrétiens*, p. 61 ; Van den Gheyn, dans *Revue des questions historiques*, octobre 1891, p. 572.

[3] Voir Julien, *Ep.* 52.

[4] Eusèbe, *De vita Constantini*, IV, 39.

[5] Saint Matthieu, XIII, 3-53 ; saint Marc, IV, 3-20 ; saint Luc, VIII, 5-15.

[6] Sozomène, *Hist. Eccl.*, V, 19.

[7] Julien, *Misopogon*, 19.

[8] Voir *Histoire des persécutions pendant les deux premiers siècles*, 2ᵉ éd., p. 104-105.

dispositions dans les grandes villes de la Cappadoce : Tyane,
malgré le souvenir d'Apollonius, est presque entièrement chrétienne : on n'y sacrifie plus, et l'on a même oublié les rites
païens [1] ; Césarée, la capitale de la province, ne renferme presque pas d'idolâtres : aussi la curie a-t-elle ordonné de démolir
les temples de Jupiter, d'Apollon et de la Fortune publique,
désormais inutiles [2]. Dans les vastes provinces de la Phrygie et
de la Paphlagonie, la morale chrétienne règne avec toute sa
sévérité : là où jadis prit naissance le culte infâme de la Mère
des dieux, toute débauche est considérée comme une souillure,
le cirque et le théâtre sont délaissés, on s'abstient même de
prêter serment [3]. Un autre centre du culte de Cybèle, Pessi-
nonte, en Galatie, se montre tiède pour la déesse autrefois adorée avec tant de ferveur et d'éclat : on voit par la correspondance de Julien que le paganisme est aussi dans cette province
en pleine décadence [4]. Mais c'est surtout dans les régions au
sud du Taurus que le christianisme est dominant. A Bérée, la
curie presque entière le professe [5]. L'Osrhoène, qui, avant de
devenir une province romaine, était déjà un royaume chrétien [6],
est peuplée de fidèles. La foi des habitants d'Édesse se montre
non seulement très ardente, mais très pure, et, sous Constance,
résiste intrépidement à l'arianisme [7] : les enfants y sont nourris
des saintes Écritures, et ne passent aux mains des maîtres pro-
fanes qu'après que cette première partie de leur éducation est
achevée [8]. Il en est de même à Nisibe, l'un des postes avancés
de la Mésopotamie vers la Perse : la population entière professe
le christianisme : les temples ne sont pas abattus, mais fermés,
et personne n'offre de sacrifices [9]. Si l'on remonte de là vers le
nord, l'Arménie, soit le royaume indépendant, soit la province
romaine de ce nom, entre lesquels tout est commun, les croyances, les mœurs, les intérêts, la race, a été convertie en masse

---

[1] Julien, *Ep.* 4.
[2] Sozomène, *Hist. Eccl*, V, 4.
[3] Socrate, *Hist. Eccl.*, IV, 28.
[4] Julien, *Ep.* 49.
[5] Julien, *Ep.* 27.
[6] Voir *Histoire des persécutions pendant la première moitié du III* siècle,
2º éd., p. 152, 172.
[7] Socrate, *Hist. Eccl.*, IV, 18 ; Rufin, *Hist. Eccl.*, II, 5.
[8] Sozomène, *Hist. Eccl.*, III, 6.
[9] Sozomène, *Hist. Eccl.*, V, 3.

par saint Grégoire l'Illuminateur dans les premières années du
IVe siècle [1]. Plus haut encore, les Ibères, voisins du Pont et de
la Colchide, professent le christianisme [2].

En Orient comme ailleurs, le paganisme trouvait des secours
dans les villes lettrées, où étaient établies des écoles et affluaient
les étudiants. L'enseignement public était encore, en grande
partie, aux mains de maîtres idolâtres. Cependant leur influence
avait diminué au milieu du IVe siècle. A Rome, les chaires étaient
à la nomination de magistrats souvent païens [3] : les sénateurs
idolâtres usaient de leur influence pour y pousser leurs créa-
tures : on venait de voir cependant un rhéteur célèbre, auquel
une statue avait été élevée sur le forum [4], donner le spectacle
d'une éclatante conversion [5]. A Athènes, les traditions de l'hel-
lénisme étaient demeurées vivantes : ses séductions, parées de
tous les charmes de l'art, exerçaient encore sur les âmes un
périlleux empire [6] : mais, parmi la foule turbulente des étudiants
païens [7], s'asseyaient de jeunes chrétiens [8], dont quelques-uns,
comme un Grégoire de Nazianze, un Basile, ne tardaient pas à
être entourés d'une renommée précoce [9]. Il y avait même des
chrétiens parmi les maîtres : Proérésius enseignait avec éclat
à côté du païen Himère [10]. A Constantinople, l'enseignement
était surtout donné par des professeurs chrétiens. Un rhéteur
venait d'être par Constance pourvu d'une chaire à Nicomédie, à
cause de ses déclamations contre les dieux [11]. Le christianisme
dominait dans les écoles de Césarée de Palestine et de Césarée
de Cappadoce [12]. A Béryte, un des principaux foyers de l'ensei-

---

[1] Voir *la Persécution de Dioclétien*, t. I, p. 224 ; t. II, p. 196.

[2] Sozomène, II, 7.

[3] On voit même, en 385, le préfet païen de Rome, Symmaque, désigner un professeur de rhétorique pour la ville de Milan. Saint Augustin, *Confess.*, V, 13.

[4] Saint Jérôme, *Chron.*, année 19 de Constance.

[5] Saint Augustin, *Confess.*, VIII, 2.

[6] Saint Grégoire de Nazianze, *Oratio* XLIII, 21.

[7] *Ibid.*, 15-16.

[8] Nombreux étudiants venus à Athènes de Cappadoce et d'Arménie, où la plus grande partie de la population était chrétienne ; saint Basile, *Ep.* 338, 346, 347, 348 ; saint Grégoire de Nazianze, *Oratio* XLIII, 17.

[9] Saint Grégoire de Nazianze, *Oratio* XLIII, 22.

[10] Petit de Julleville, *Histoire de la Grèce sous la domination romaine*, p. 349 et suiv.

[11] Libanius, *Oratio* X.

[12] Saint Grégoire de Nazianze, *Oratio* VII, 6 ; XLIII, 13.

gnement du droit, il y avait des étudiants chrétiens [1]. Alexandrie possédait, depuis le IIe siècle, tout un enseignement supérieur chrétien, rival des écoles païennes et luttant avec elles d'éloquence et de succès [2]. La mesure que prendra bientôt Julien pour obliger dans tout l'empire les maîtres chrétiens à descendre de leurs chaires montre que, sous le règne de son prédécesseur, ceux-ci étaient déjà nombreux, influents, et disputaient à la science païenne le gouvernement des esprits.

VI.

Dans le tableau de la situation respective des deux cultes, deux traits doivent être mis en lumière : l'un, commun à l'Orient et à l'Occident ; l'autre, particulier à l'Orient.

Le peuple des grandes villes montrait partout un penchant vers le christianisme. Celui-ci parlait moins à ses sens, mais plus à son cœur que le culte fastueux et aristocratique des faux dieux. Dans les religions païennes, on offrait à la foule des cérémonies magnifiques, de nombreuses occasions de joies immorales ; mais, dès qu'elle essayait de pénétrer plus avant, de s'approcher des mystères reservés aux seuls initiés, une barrière se dressait devant elle. L'*odi profanum vulgus et arceo* est plus vrai encore au IVe siècle qu'il ne fut au temps d'Horace. Les initiations aux loges de Mithra, les coûteuses cérémonies tauroboliques n'étaient pas pour le peuple. Dans son dernier état le paganisme devient de plus en plus une religion d'aristocrates, un culte d'ancien régime. Il n'en est pas sans doute ainsi dans les campagnes, dans les villes écartées, ou dans les lieux depuis longtemps consacrés par les dévotions populaires : les petites gens y restent attachés à leurs dieux. Mais dans les grandes villes, dans les centres de haute bourgeoisie ou de noblesse provinciale, à Rome surtout, inexpugnable citadelle du paganisme, le peuple s'en détourne chaque jour davantage. L'église, ouverte à tous, la croix, supplice des esclaves, Jésus, qui fut

[1] Eusèbe, *De mart. Palest.*, IV, 2-7 ; saint Grégoire de Nazianze, *Poem. ad alios*, V, 226-227 (Migne, *Patr. græc.*, t. XXXVII, col. 1538).

[2] Voir *Histoire des persécutions pendant la première moitié du IIIe siècle*, 2e éd., p. 71.

ouvrier, les apôtres, qui travaillèrent de leurs mains, un clergé sorti en grande partie des rangs populaires, et duquel aucune condition de richesse ou de naissance n'est exigée, ce sont là autant d'attraits pour les humbles.

Une loi de 320 [1], à première vue fort étrange, ne put que fortifier cette impression. Pour empêcher la bourgeoisie des villes, responsable des impôts, de se soustraire à ses obligations en entrant dans le clergé, Constantin avait interdit d'admettre aux ordres sacrés « aucun décurion, fils de décurion, ou personne ayant assez de bien pour supporter les charges publiques ; » on n'y devait recevoir que « les gens de petite fortune, » *fortuna tenues* [2]. Cette loi, inspirée par des nécessités fiscales, était fort peu chrétienne, puisqu'elle entravait la liberté de conscience et blessait l'égalité : d'innombrables exemples montrent qu'elle ne fut guère observée : cependant elle dut avoir, lors de sa promulgation, quelque retentissement, et, en retardant peut-être le mouvement des conversions dans la bourgeoisie, l'accélérer dans le peuple.

A Rome, ce mouvement était commencé longtemps avant l'avènement de Constantin. Le peuple chrétien tenait déjà assez de place dans la ville éternelle pour que Maxence ait senti le besoin de le flatter [3] : le nombre et l'étendue des catacombes romaines, les milliers d'épitaphes chrétiennes, si populaires d'orthographe et de langue, l'influence que certaines querelles entre chrétiens eurent dès lors sur la paix publique [4], font deviner la multitude des Romains de condition modeste professant le christianisme au commencement du ive siècle. A la fin du même siècle, un poète pourra dire que « le petit peuple tout entier » fréquente les souterrains de Saint-Pierre et le baptistère de Latran [5]. Les grandes villes de l'Orient présentent le même spectacle. Mais il s'y distingue par un détail intéressant. Ceux que les textes nous montrent, en Orient, parmi les chrétiens

---

[1] *Code Théodosien*, XVI, ii, 3.

[2] *Ibid.* — Cf. la loi 6, au même titre (année 326)

[3] Eusèbe, *Hist. Eccl.*, VIII, 14, 1.

[4] Inscriptions relatives aux papes Marcel et Eusèbe ; de Rossi, *Inscr. christ. urbis Romæ*, t. II, p. 60, 102, 103, 138 ; *Roma sotterranea*, t. II, pl. III, IV ; p. 204-208 ; *Bull. di arch. cristiana*, 1873, pl. XII. — Cf. *Rome souterraine*, pl. XII-XIII, p. 251, 253-256.

[5] Prudence, *Contra Symmachum*, I, 580-586.

fervents, ce ne sont pas les prolétaires oisifs, participant aux distributions de vivres faites par l'État ou les cités, ce sont les vrais ouvriers, les travailleurs manuels. Sous Julien, Cyzique, dans l'Asie proconsulaire, reviendra facilement au paganisme : mais, parmi les plus énergiques défenseurs de la religion chrétienne, on y comptera les deux corporations des tisserands en laine et des monétaires, qui, avec leurs femmes, leurs enfants et leurs serviteurs, formaient une population très nombreuse [1]. A Césarée de Cappadoce, saint Basile ayant été menacé d'un procès, « aussitôt, comme un essaim d'abeilles chassé par la fumée, tout le peuple se met en mouvement pour le défendre : au premier rang sont les fabricants d'armes et les tisserands des ateliers impériaux, brandissant les outils de leur profession, ou tous objets qui leur tombaient sous la main [2]. » Alexandrie, au milieu du iv° siècle, est toujours la ville cosmopolite, où toutes les races, tous les cultes, toutes les philosophies, toutes les mœurs se rencontrent : le parti païen y est puissant, puisqu'à la fin du siècle il aura encore la force d'exciter une sédition terrible : cependant les chrétiens y gagnent chaque jour en nombre et en influence [3]. La population ouvrière est presque tout entière de leur côté : on le vit sous Constance, quand saint Athanase rentra justifié à Alexandrie : le peuple vint à sa rencontre, « divisé par sexes, par âges et par corps de métiers, car c'est ainsi que les Alexandrins ont coutume d'accueillir ceux qu'ils veulent honorer publiquement [4]. »

En Orient et en Occident, les grandes villes voyaient ainsi la partie la plus active de leur population se donner au Christ : mais l'état des campagnes différait complètement dans les deux moitiés de l'empire. Le paysan italien ou gaulois est le païen par excellence, *paganus*. En Asie, le paganisme semble moins enraciné dans le sol : les populations rurales se convertissent beaucoup plus facilement. La première évangélisation de la Bithynie avait eu autant de succès dans les campagnes que dans les villes : « Non seulement les cités, écrit Pline à Trajan, mais encore les bourgs et les champs, sont envahis par la conta-

[1] Sozomène, *Hist. Eccl.*, V, 15.
[2] Saint Grégoire de Nazianze, *Oratio* xliii, 57.
[3] Julien, *Ep.* 51.
[4] Saint Grégoire de Nazianze, *Oratio* xxi, 29.

gion de la superstition nouvelle [1]. » Dans la seconde moitié du
IIIe siècle, les campagnes autour d'Antioche contiennent déjà
assez de chrétiens pour avoir plusieurs évêques [2]. Aussi ne
s'étonnera-t-on pas si, au temps de saint Jean Chrysostome, les
églises de la ville s'emplissent, les jours de fête, de paysans
dont le langage syriaque contraste avec le grec parlé par les
citadins : ils se montrent très instruits des dogmes chrétiens
et répondent avec beaucoup de sens aux interrogations qui leur
sont faites [3]. Les sanctuaires en l'honneur des martyrs sont
encore plus nombreux dans la banlieue rurale d'Antioche que
dans la ville même [4]. En revanche, d'autres régions de la Syrie
gardent des paysans passionnément attachés à leurs dieux [5].
Mais un trait particulier à l'Asie romaine, c'est la multitude des
villages où le christianisme a pénétré. On trouve, au commencement du IVe siècle, des paysans chrétiens en Galatie, dans les
montagnes voisines d'Ancyre [6]. A Carrhes, en Mésopotamie, la
situation parait absolument le contraire de ce qu'elle était, à la
même époque, en diverses contrées de l'Occident. La ville est
obstinément païenne, « terre sauvage, hérissée des épines de
l'idolâtrie, » dit un historien contemporain [7] : elle demeurera
telle jusqu'au commencement du Ve siècle [8] : mais la campagne
environnante, où se rencontrent à chaque pas des monastères
et des ermitages, est peuplée de chrétiens [9]. Dans l'Osrhoène,
dès la fin du IIIe siècle, des milliers de pèlerins parcourent les
campagnes en certains jours de fête, et prolongent leurs veillées
pieuses à la lueur du ciel étoilé [10]. Divers canons des conciles de
Sardique, de Laodicée, dans la seconde moitié du IVe siècle,
supposent les chrétiens établis dans de très nombreux villages,
et ceux-ci administrés soit par des prêtres visiteurs, soit par des

---

[1] Pline, *Ep.*, X, 97.
[2] Eusèbe, *Hist. Eccl.*, VII, 30.
[3] Saint Jean Chrysostome, *Ad populum Antiochenum* homilia XVIII, 1, 2.
[4] Saint Jean Chrysostome, *De sanctis martyribus* sermo 1.
[5] Libanius, *Oratio* II (éd. Reiske, p. 167).
[6] *Passio S. Theodori*, 11, dans Ruinart, p. 357.
[7] Théodoret, *Hist. Eccl.*, IV, 18.
[8] Procope, *Bell. Pers.*, I, 13.
[9] *S. Silviæ peregrinatio*, dans *Studi e Documenti di Storia e Diritto*, 1888,
p. 135.
[10] Acta disputationis Archelai (éd. 1696, p. 1-2). — Cf. *les Dernières persécutions du IIIe siècle*, p. 266-267.

évêques ruraux [1]. Il en est de même en Égypte dès le commencement du ive siècle [2]. Jusque dans le sauvage district de la Maréote, proche d'Alexandrie, les chrétiens sont répandus dans tous les villages [3].

L'influence du monachisme, très développé en Asie et en Égypte à une époque où l'Espagne, la Gaule, Rome même, le connaissaient à peine de nom, contribua certainement à conquérir à l'Évangile les campagnes orientales pendant le cours du ive siècle. Mais leur évangélisation avait des origines beaucoup plus anciennes. Pour expliquer la rapide décroissance du paganisme rural en ces contrées, il faut admettre chez leurs habitants une souplesse d'esprit, une facilité à s'assimiler les idées nouvelles, qui paraissent avoir manqué au paysan occidental, plus attaché aux opinions traditionnelles, plus conservateur des anciennes routines. Les hommes de l'Orient ne possédaient pas alors cette immobilité majestueuse et comme hiératique, qu'ils devront plus tard à la double influence de l'esprit byzantin et du mahométisme : même au fond des campagnes, même là où se parlait l'arménien ou le syriaque, ils étaient encore imprégnés du génie grec, avide de lumière et de progrès.

---

[1] Concile de Sardique, canon 6 ; concile de Laodicée, canon 57. — Voir de Smedt, *Organisation des églises chrétiennes au IIIe siècle*, dans *Congrès scientifique international des catholiques*, 1891, sciences historiques, p. 79, 87.

[2] Actes de saint Pierre d'Alexandrie, dans Migne, *Patr. græc.*, t. XVIII, col. 455. — Cf. de Smedt, *l. c.*, p. 85.

[3] Saint Athanase, *Apol. contra Arianos*, 85. — Cf. de Smedt, *l. c.*, p. 80.

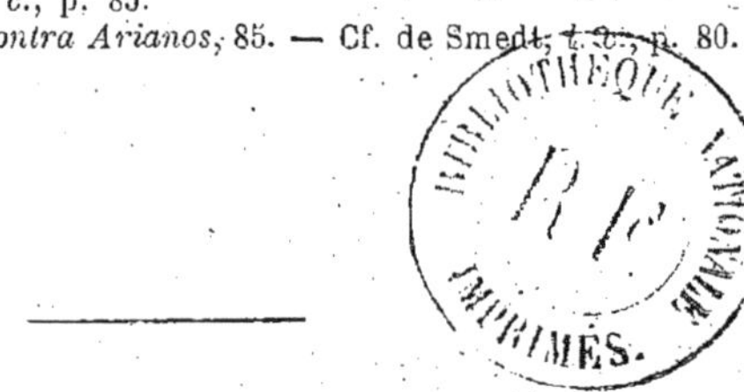